Cara a cara

Pair work activities in Spanish

John Clayton · Kenneth Hall · Derek Utley

Nelson

Cara a cara
Pairwork book
Cassette

Thomas Nelson and Sons Ltd
Nelson House Mayfield Road
Walton-on-Thames Surrey
KT12 5PL UK

Nelson Blackie
Wester Cleddens Road
Bishopbriggs
Glasgow
G64 2NZ UK

Thomas Nelson Australia
102 Dodds Street
South Melbourne
Victoria 3205 Australia

Nelson Canada
1120 Birchmount Road
Scarborough Ontario
M1K 5G4 Canada

© John Clayton, Kenneth Hall, Derek Utley 1989

First published by E J Arnold and Sons Ltd 1989
ISBN 0-560-00901-1

This edition published by Thomas Nelson and Sons Ltd 1990

I(T)P Thomas Nelson is an International
       Thomson Publishing Company

I(T)P is used under licence

ISBN 0-17-439475-6
NPN 9 8 7

All rights reserved. No part of this publication
may be reproduced, copied or transmitted save with
written permission or in accordance with the
provisions of the Copyright, Design and Patents Act
1988, or under the terms of any licence permitting
limited copying issued by the Copyright Licensing
Agency, 90 Tottenham Court Road, London W1P 9HE.

Any person who does any unauthorised act in relation
to this publication may be liable to criminal
prosecution and civil claims for damages.

Printed in China

Cara a cara

Pair work activities in Spanish

Contents

1 *Tú y yo*
Talking about yourself

2 *Así soy yo*
Describing yourself and other people

3 *Aquí vivo yo*
Talking about where you live

4 *El colegio*
Talking about your school

5 *Mis pasatiempos*
Talking about your hobbies

6 *Vida diaria*
Talking about things you normally do

7 *Gustos y preferencias*
Likes, dislikes and preferences

8 *De vacaciones*
Talking about holidays

9 *El porvenir*
Talking about your plans for the future

10 *En la oficina de turismo*
Getting information about a town and region

11 *En la ciudad*
Finding your way around a town or village

12 *De compras 1*
Shopping for food and presents

13 *De compras 2*
Shopping for clothes and returning goods

14 *A comer 1*
Ordering snacks and drinks in a cafe

15 *A comer 2*
Ordering a meal in a restaurant

16 *Viajando 1: Transportes públicos*
Travelling by train and bus

17 *Viajando 2: En coche*
Calling in at a petrol station

18 *En el camping*
Booking in at a campsite

19 *A dormir bien*
Finding accommodation

20 *Vamos a salir*
Arranging to meet a friend

21 *La salud*
Coping with health problems

22 *Comunicando*
Keeping in touch

23 *Problemas*
Making a complaint and getting things fixed

24 *A mi parecer*
Giving your opinion

John Clayton · Kenneth Hall · Derek Utley

Cara a cara

Introduction

To the teacher

Cara a cara is designed to help pupils improve their spoken Spanish. It consists of a pupils' book, and a cassette with recorded dialogues.

There are 24 units which do not have to be studied consecutively. Each one deals with a topic of the sort found in most national oral exams. In each unit there is a preparation stage, a practice ("activity") stage and a follow-up stage, and the three are always in different parts of the book. These are the sections:

Preparation

This is one page to be found between pages 8 and 31 of the book, to be studied as a class or in pairs. It has three parts:

 ¿Preparados?
A column of phrases (*se pregunta* ... or *se pregunta/se dice* ...) — together with two columns of possible replies (*se contesta* ... ... *y se añade*). The replies are in the wrong order, so pupils have to match them up. They may write down each phrase with its correct reply — this may help with revision later — or quickly jot down the number of each phrase and its corresponding letter.

 ¿Listos?
A strip cartoon showing two people talking about the topic of the unit. This conversation is recorded on cassette, for listening, repeating and re-enacting.

 ¡Ya!
Notes on where the two members of each pair should each turn to find their different instructions for the speaking activities. Pupil A (*alumno A*) will turn to one part of the book, pupil B (*alumno B*) to another. Pupils should take it in turns to be A or B.

Activity

Pupil A's activity pages are between pages 32 and 79, and pupil B will find his/her activity pages between pages 80 and 127. In each situation, pupil A will play the part of a British person, usually in Spain, and B will be a Spanish speaker. A will have to get some information from B. A makes a note of this by copying a grid of information from the book and completing it as they go along. There are two levels of activity:

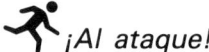
¡Al ataque!

This is an activity based closely on the dialogue heard in ¿Listos?. In fact, the first task always uses the same language as the dialogue, and the information it contains is used to fill in the example in the grid. Pupils should always prepare their own roles carefully, making sure they have the necessary words and phrases — there will be some which have not been included in the preparatory page.

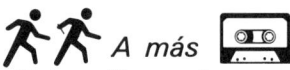
A más

This will require more vocabulary and more ability in dealing with the unpredictable, so pupils should check with their teacher before they start this section. A short dialogue will introduce some of the language required. This dialogue is in the form of an exercise in which pupil B matches the correct response from his/her jumbled list to pupil A's question/statement. The dialogue is recorded on the cassette and the correct version also written out between pages 133 and 136.

Again, preparation (grid-drawing and vocabulary-checking) is essential. In each task, both pupils will have to ask, explain and understand.

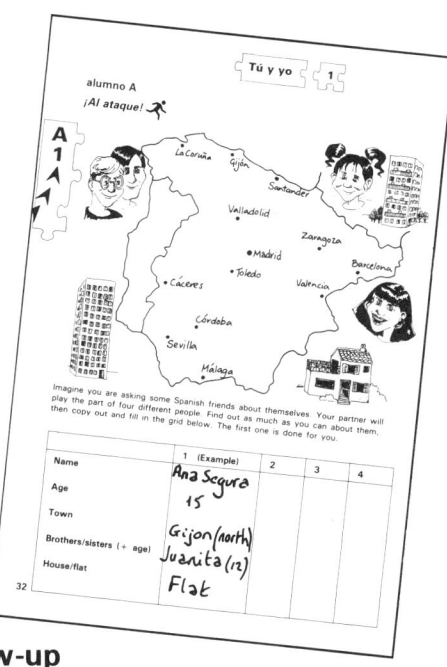
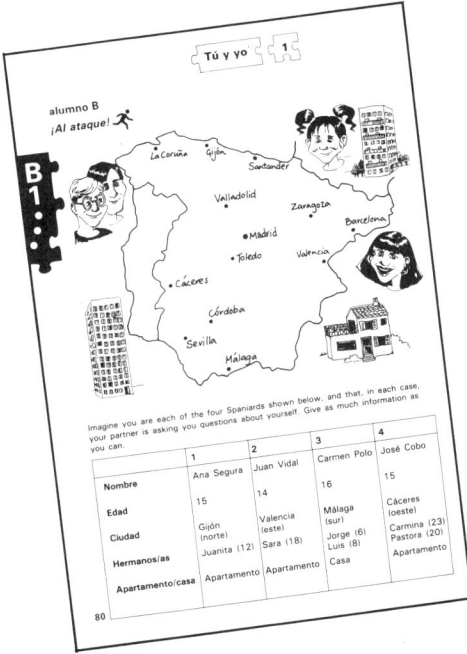

Follow-up

A continuación
These are follow-up reading and writing activities to do alone or in pairs, as reinforcement of the speaking tests. They can be found between pages 128 and 132.

To the pupil: some hints on using the book

 ¿Preparados?
You will find the 24 units' preparation between pages 8 and 31.

Match up the columns alone or with your partner.

Either write down all phrases in the first column and write against them the correct phrases from the other two columns, or simply write down the letters and numbers against each other.

All the phrases are separate — they don't make one continuous dialogue. Before you move on be sure to learn all the words and expressions and note down any you think are particularly difficult for you, or especially useful.

 ¿Listos?
Follow the dialogue in your book as you listen to the recording, then practise saying it with your partner — at least once.

 ¡Ya!
Now you're on your own! Decide who's going to be A and B, and each turn to the page indicated.

 ¡Al ataque!
Read the instructions for each task carefully before you begin, and make sure you understand what you have to do. Usually, *alumno A* will ask most of the questions, *alumno B* will supply the information, so make sure you change roles from unit to unit.

Before you start:

— one or both of you will need to copy down a list or part of a grid from the book, and complete it as you go along.
— you both need to make sure that you know the Spanish words you'll need to use (they won't all be on the preparation page). If you're not sure, get help from your partner, a good dictionary, or your teacher.
— make a clear decision to speak only Spanish from the moment you start. To help you do this, a few useful phrases are given at the end of this introduction.

In units 1–9, when you've finished *¡Al ataque!*, you should practise asking each other the same questions, and answering as though you were actually yourself!

 *A más*
Check with your teacher before you move on to this part. The dialogue exercise will help you do the main activity. The correct version of the dialogue is recorded on cassette, and written out in the section at the end of this book called *Diálogos grabados* between pages 133 and 136. Listen to it to help you out of difficulty or to check you matched pupil A's and B's parts correctly.

But also bear in mind that in this task you will probably meet some extra vocabulary and possibly a few snags — for example, your partner may not have an object you want to buy, or may not agree with you about where to go. So always prepare yourself by thinking of extra words or phrases that may come in useful, particularly those you may need to get out of tricky situations!

A continuación
Do these activities only when you've finished the one or two speaking tasks you have decided to tackle. You will find the activities between pages 128 and 132.

Lost?

Each unit listed on the contents page contains stages which are spread throughout the book.
This chart shows you on which page to find those different stages.

Unit	Preparation	Activity A	Activity B	Follow-up	Tapescript
1	8	32–33	80–81	128	133
2	9	34–35	82–83	128	133
3	10	36–37	84–85	128	133
4	11	38–39	86–87	128	133
5	12	40–41	88–89	129	133
6	13	42–43	90–91	129	133
7	14	44–45	92–93	129	134
8	15	46–47	94–95	129	134
9	16	48–49	96–97	129	134
10	17	50–51	98–99	130	134
11	18	52–53	100–101	130	134
12	19	54–55	102–103	130	134
13	20	56–57	104–105	130	135
14	21	58–59	106–107	130	135
15	22	60–61	108–109	130	135
16	23	62–63	110–111	131	135
17	24	64–65	112–113	131	135
18	25	66–67	114–115	132	135
19	26	68–69	116–117	132	136
20	27	70–71	118–119	132	136
21	28	72–73	120–121	132	136
22	29	74–75	122–123	132	136
23	30	76–77	124–125	132	136
24	31	78–79	126–127	132	136

Getting started

To make your conversation with your partner as realistic as possible, practise and use some of these phrases:

¿Empezamos?	Shall we begin?
¿Quién empieza?	Who'll begin?
¿Qué número hacemos?	Which number shall we do?
Me es igual	I don't mind
Empiezo yo	I'll begin
Empiezas tú	You begin
¿Por dónde empezamos?	Where shall we begin?
Empezamos por el número 1	We'll begin with number 1
¿Cómo?	Pardon?
¿Quieres repetir?	Will you repeat that?
¿Quieres hablar más despacio?	Will you speak more slowly?
No entiendo	I don't understand
No sé	I don't know

Tú y yo 1

Talking about yourself

¿Preparados?

See if you can match numbers 1 – 6 with letters (a) – (f)

se pregunta	*se contesta*	*y se añade*
1 ¿Cómo te llamas?	a Mi hermano/a tiene nueve años	Mi hermana mayor tiene veintiún años
2 ¿Cuántos años tienes?	b Soy de Manchester/ soy del norte de Inglaterra	Soy inglés/inglesa
3 ¿De dónde eres?	c Vivo en una casa Vivo en un apartamento	de dos pisos está en el tercer piso
4 ¿Tienes hermanos?	d Me llamo Jenny	Mi apellido es Turner
5 ¿Cuántos años tienen?	e Sí, tengo un hermano No, no tengo hermanos	que se llama David
6 ¿Vives en una casa o en un apartamento?	f Tengo catorce años	¿Y tú?

¿Listos?

¡Ya!

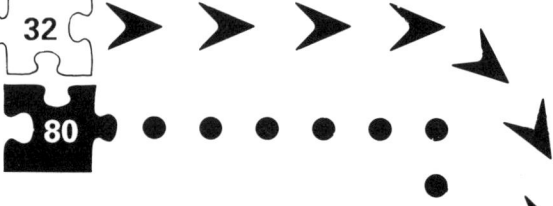

2 Así soy yo

Describing yourself and other people

¿Preparados?
See if you can match numbers 1 – 6 with letters (a) – (f)

se pregunta	*se contesta*	*y se añade*
1 ¿Cómo eres, alta/o o baja/o	a Tengo el pelo bastante largo	muy corto
2 ¿Cuánto mides?	b Sí, llevo gafas / No, no llevo gafas	a veces
3 ¿De qué color tienes el pelo?	c Sí, soy bastante delgada/o	un poco gorda/o
4 ¿Tienes el pelo largo o corto?	d Mido un metro setenta	un metro cincuenta y cinco
5 ¿Eres delgada/o?	e Soy bastante alta/o	muy baja/o
6 ¿Llevas gafas?	f Tengo el pelo negro/ castaño	Soy morena/o / rubia/o / pelirroja/o

¿Listos?

¡Ya!

Pupil A turn to page  34

Pupil B turn to page  82

Aquí vivo yo   3

Talking about where you live

¿Preparados?

See if you can match numbers 1 – 6 with letters (a) – (f)

	se pregunta		se contesta	y se añade
1	¿Dónde vives?	a	¿Sí, hay bares cines y restaurantes No, hay poco	parques/discotecas/ polideportivos/teatros
2	¿Dónde está?	b	¿Sí me gusta mucho No, en absoluto	es muy agradable es muy aburrido
3	¿Y cómo es?	c	Vivo en Salamanca	
4	¿Hay mucho que hacer?	d	Es una región bonita	poco atractiva/ industrial/agrícola
5	¿Cómo es la región?	e	Está en el oeste de España	norte/sur/este/centro
6	¿Te gusta vivir allí?	f	Es una ciudad grande y antigua Es un pueblo pequeño	pequeña/ moderna grande/moderno/antiguo

¿Listos?

¡Ya!

Pupil A turn to page 36   Pupil B turn to page 84

10

4 El colegio

Talking about your school

¿Preparados?

See if you can match numbers 1 – 6 with letters (a) – (f)

se pregunta	*se contesta*	*y se añade*
1 ¿Cómo se llama tu colegio?	a Voy a pie Voy en autobús	coche/tren/bici
2 ¿Está cerca de tu casa?	b Hay unos ochocientos alumnos	mil
3 ¿Cómo vas al colegio?	c Sí, bastante cerca No, está lejos	a unos cinco kilómetros de mi casa
4 ¿A qué hora empiezan las clases?	d De catorce a dieciocho años	
5 ¿Cuántos alumnos hay en tu colegio?	e Colegio Santa Teresa	Instituto Lope de Vega
6 ¿Qué edad tienen?	f Empiezan a las nueve	y terminan a las cuatro

¿Listos?

¡Ya!

Pupil A turn to page 38

Pupil B turn to page 86

Mis pasatiempos 5

Talking about your hobbies

¿Preparados?

See if you can match numbers 1 – 6 with letters (a) – (f)

se pregunta	se contesta	y se añade
1 ¿Cómo pasas tus ratos libres en casa?	a Voy al cine	a la piscina/discoteca/casa de mi amigo/a
2 ¿Y cuál es tu pasatiempo favorito?	b Sí, salgo cuatro o cinco veces por semana No, prefiero quedarme en casa	
3 ¿Tocas algún instrumento?	c Veo la tele, escucho la radio, y leo	mis discos/libros/revistas
4 ¿Sales mucho?	d Prefiero escuchar música	
5 ¿Adónde te gusta ir cuando sales?	e Sí, practico el judo y juego al tenis No, no me interesan nada	la natación/rugby/baloncesto
6 ¿Te interesan los deportes?	f Sí toco el piano No, no sé tocar ningún instrumento	el violín/la guitarra/trompeta

¿Listos?

¡Ya!

Pupil A turn to page 40   Pupil B turn to page 88

12

6 Vida diaria

Talking about things you normally do

¿Preparados?

See if you can match numbers 1 – 6 with letters (a) – (f)

se pregunta	*se contesta*	*y se añade*
1 ¿A qué hora te levantas por la mañana?	a Sobre las diez y media	Depende del día
2 ¿Desayunas fuerte?	b Sí, friego los platos	Ayudo en el jardín Hago la compra
3 ¿Comes con la familia?	c No, tomo un té y unas tostadas Sí, huevos con jamón	un café/unos cereales
4 ¿Ayudas con los quehaceres de la casa?	d Me levanto a las siete	a las ocho y cuarto/muy temprano
5 ¿Te dan dinero?	e Sí, todos los días No, como en el colegio	Tomo un bocadillo en el comedor del colegio
6 ¿A qué hora te acuestas?	f Sí, un poco/de vez en cuando No, no me dan nada	Me dan dinero de bolsillo: setecientas pesetas a la semana

¿Listos?

¡Ya!

Pupil A turn to page  42   Pupil B turn to page  90

Gustos y preferencias 7

Likes, dislikes and preferences

¿Preparados?

See if you can match numbers 1 – 6 with letters (a) – (f)

se pregunta	se contesta	y se añade
1 ¿Qué te gusta hacer en tus ratos libres?	a Me gustan más las películas cómicas	de terror/de ciencia ficción
2 ¿Qué programas de televisión te gustan?	b Sí, me gusta mucho la música	clásica/ligera/pop
3 ¿Prefieres ir al cine o a una discoteca?	c Me gusta bastante ver la televisión	escuchar música/hacer deporte/ir al cine/leer
4 ¿Qué te gustan más, las películas de terror o las comedias?	d Prefiero las novelas policíacas	románticas/de aventuras/del oeste
5 ¿Qué tipo de libro prefieres?	e Me gustan mucho los dibujos animados No me gustan nada las teleseries	los documentales/las noticias
6 ¿Te gusta la música?	f Prefiero ir al cine Me da lo mismo	a una discoteca

¿Listos?

¡Ya!

14 Pupil A turn to page 44 — Pupil B turn to page 92

8 De vacaciones

Talking about holidays

¿Preparados?

See if you can match numbers 1 – 6 with letters (a) – (f)

	se pregunta		*se contesta*	*y se añade*
1	¿Qué clase de vacaciones prefieres?	a	Quince días	una semana/un mes
2	¿Adónde vas de vacaciones este año?	b	Con mi familia	un(a) amigo/a unos amigos/solo/a
3	¿Cuánto tiempo pasarás allí?	c	En coche y en barco	avión/tren/moto/autocar
4	¿Cómo vas a viajar?	d	Voy a alquilar un apartamento	ir a un hotel/hacer camping/quedarme en albergues
5	¿Con quién vas?	e	Voy a Suiza en agosto No lo sé No voy a ningún sitio	Niza en verano
6	¿Dónde vas a quedarte?	f	Prefiero ir a la costa Me gusta hacer camping	playa/montaña turismo

¿Listos?

¡Ya!

Pupil A: turn to page 46   **Pupil B turn to page** 94

15

El porvenir 9

Talking about your plans for the future

¿Preparados?
See if you can match numbers 1 – 6 with letters (a) – (f)

	se pregunta		se contesta	y se añade
1	¿Cuándo vas a dejar el colegio?	a	Matemáticas y contabilidad	y quizás otras asignaturas
2	¿Qué vas a hacer el año que viene?	b	A los dieciséis años	Este año/el año que viene
3	¿Qué vas a estudiar?	c	No, me gustaría vivir en otro sitio Sí, si puede ser	Me gustaría viajar
4	¿Qué quieres ser?	d	Voy a trabajar en una empresa constructora Voy a seguir estudiando	en un banco/en una agencia de viajes
5	¿Dónde te gustaría vivir?	e	Quisiera ser contable/periodista/secretaria	No sé, pero quisiera trabajar en una empresa grande
6	¿Vas a vivir siempre aquí?	f	En el campo/en la ciudad	En una casa grande

¿Listos?

¡Ya!

| Pupil A turn to page | 48 | Pupil B turn to page | 96 |

16

10 En la oficina de turismo

Getting information about a town and region

¿Preparados?

See if you can match numbers 1 – 6 with letters (a) – (f)

se pregunta	*se contesta*	*y se añade*
1 ¿Tiene un plano de la ciudad?	a Se puede ir al Castillo de Játiva	la Sierra de Gredos/las cuevas de Altamira
2 ¿Me puede recomendar un hotel cerca de aquí?	b No, está a diez kilómetros	veinte/treinta
3 ¿Dónde está el Hotel Venecia?	c Sí, aquí tiene el plano	
4 ¿Qué hay de interés en la ciudad?	d Sí, hay el Hotel Venecia	y también el Hostal de los Reyes
5 ¿Qué se puede visitar en la región?	e Está en la Calle Parreño	la Avenida de América
6 ¿Está lejos de aquí?	f Hay el Museo de Cerámica	la Catedral/el Palacio del Duque/el barrio antiguo/ los monumentos árabes

¿Listos?

¡Ya!

Pupil A turn to page 50

Pupil B turn to page 98

En la ciudad 11

Finding your way around a town or village

¿Preparados?

See if you can match numbers 1 – 6 with letters (a) – (f)

se pregunta	*se contesta*	*y se añade*
1 ¿Es ésta la calle Goya?	a No, está a dos minutos	a doscientos metros
2 ¿Hay un hotel por aquí?	b Está al final de esta calle	enfrente del cine
3 ¿Dónde está la catedral, por favor?	c Sí, están en la Plaza Mayor	hay también en la estación
4 ¿Por dónde se va al mercado?	d Sí, es ésta	No, es la próxima
5 ¿Está lejos el puerto?	e Sí, el Hotel Levante está aquí cerca	a mano derecha
6 ¿Hay servicios?	f Tome la segunda calle a la derecha	la primera a la izquierda

¿Listos?

¡Ya!

Pupil A turn to page 52

Pupil B turn to page 100

12 — De compras 1

Shopping for food and presents

¿Preparados?
See if you can match numbers 1 – 7 with letters (a) – (g)

	se pregunta		*se contesta*	*y se añade*
1	¿Qué desea?	a	Sí. Es todo	
2	¿Tiene queso?	b	Quinientas pesetas en total	setecientas pesetas
3	¿Algo más?	c	100 pesetas el litro	la botella
4	¿Cuánto cuesta el vino tinto?	d	Quiero un kilo de manzanas Póngame medio kilo de patatas Déme una lechuga	naranjas cebollas dos melones
5	¿Cuánto valen las fresas?	e	No. Nada más gracias Sí. Un paquete de azúcar también por favor	un bote de sardinas
6	¿Eso es todo?	f	Doscientas pesetas el cuarto	el kilo
7	¿Cuánto es todo?	g	Sí, tenemos No. No tenemos	¿Quiere otra cosa?

¿Listos?

¡Ya!

Pupil A turn to page 54

Pupil B turn to page 102

19

De compras 2 — 13

Shopping for clothes and returning goods

¿Preparados?
See if you can match numbers 1 – 6 with letters (a) – (f)

se pregunta	se contesta	y se añade
1 ¿En qué puedo servirle?	a Está bien Es demasiado caro No me gusta	Me lo(s) / la(s) quedo
2 ¿De qué color?	b Sí, tenemos estos No, lo siento	a 800 pesetas/de oferta No tenemos nada más
3 ¿Qué talla?	c En rojo	amarillo/azul/blanco negro/gris/marrón/verde
4 ¿Cuánto es?	d La treinta y seis	pequeña/mediana/grande
5 ¿Qué le parece?	e Mil quinientas pesetas	dos mil
6 ¿No tiene otra cosa?	f Quisiera un jersey	una camisa/una falda una chaqueta/un abrigo

¿Listos?

¡Ya!

Pupil A turn to page 56

Pupil B turn to page 104

14 A comer 1

Ordering snacks and drinks in a cafe

¿Preparados?

See if you can match numbers 1 – 6 with letters (a) – (f)

	se pregunta		*se contesta*	*y se añade*
1	¡Oiga camarero!	a	Déme una cerveza	una Fanta de naranja/un Schweppes de limón/un agua mineral con gas
2	¿Qué tapas tiene?	b	Sí, una ración de gambas No, nada gracias	calamares/champiñones
3	¿Qué clase de bocadillos hay?	c	Noventa pesetas	cien/doscientas
4	¿Qué le pongo?	d	Dígame	señor/señora/señorita
5	¿Quiere picar algo?	e	Tenemos aceitunas	patatas bravas/cacahuetes ensaladilla rusa
6	¿Qué le debo?	f	Hay de jamón	queso/atún

¿Listos?

¡Ya!

Pupil A turn to page 58

Pupil B turn to page 106

A comer 2 — 15

Ordering a meal in a restaurant

¿Preparados?
See if you can match numbers 1 – 6 with letters (a) – (f)

se pregunta	se contesta	y se añade
1 ¿Tiene una mesa para dos, por favor?	a Una botella de vino tinto Nada gracias	vino blanco/gaseosa/agua mineral
2 ¿Qué va(n) a tomar?	b En seguida	Mil doscientas pesetas
3 ¿Y para beber?	c Sí, tenemos una No. Lo siento	cerca de la ventana Está completo
4 ¿Qué quiere(n) de postre?	d Sí. Un café solo	un café con leche/un cortado
5 ¿Toma(n) café?	e Primero entremeses	y después un filete con patatas
6 ¿Me trae la cuenta por favor?	f Un flan	un helado/melocotón en almíbar

¿Listos?

¡Ya!

Pupil A turn to page 60

Pupil B turn to page 108

16 Viajando 1: Transportes públicos

Travelling by train and bus

¿Preparados?

See if you can match numbers 1 – 6 with letters (a) – (f)

	se pregunta		se contesta	y se añade
1	¿Hay trenes para Vigo?	a	Sale a las 16.40	a las 8.15
2	¿A qué hora llega?	b	Son 873 pesetas ida sólo, 1,746 ida y vuelta	
3	¿A qué hora sale el autobús para Lugo?	c	Sí, hay un rápido a las 11.35	un TER/un expreso
4	Un billete de ida y vuelta para Vigo	d	Sale de la vía seis	del andén cuatro
5	¿Cuánto es?	e	Llega a las 14.12	
6	¿De qué vía sale el tren para Vigo?	f	Muy bien, aquí tiene	

¿Listos?

¡Ya!

Pupil A turn to page 62

Pupil B turn to page 110

Viajando 2: En coche

Calling in at a petrol station

¿Preparados?
See if you can match numbers 1 – 6 with letters (a) – (f)

	se pregunta		*se contesta*	*y se añade*
1	Buenos días, ¿qué desea?	a	Sí, sin plomo / No, con plomo	
2	¿Sin plomo o no?	b	Están dentro, al fondo de la tienda	a la derecha/izquierda
3	¿Necesita aceite o agua?	c	Sí, hay un pequeño bar al lado / No, no hay	
4	¿Dónde están los servicios?	d	Sí, se venden en la tienda / No, no hay	en caja
5	¿Tiene mapas de carreteras?	e	25 litros de súper/normal	(Depósito) lleno
6	¿Hay refrescos?	f	Sí, póngame un poco de aceite	Y ¿quiere comprobar el agua?

¿Listos?

¡Ya!

 Pupil A turn to page 64

 Pupil B turn to page 112

18 En el camping

Booking in at a campsite

¿Preparados?
See if you can match numbers 1 – 6 with letters (a) – (f)

se pregunta	se contesta	y se añade
1 ¿Hay una plaza libre por favor?	a cuatro o cinco noches, creo	una semana
2 ¿Qué tiene usted, una tienda o una caravana?	b En la parcela número cinco	detrás de la piscina/al lado de la tienda/cerca de los árboles/enfrente del bar
3 ¿Y cuántos son?	c Sí, quedan sitios No, lo siento el camping está lleno	
4 ¿Cuánto es por día?	d Una tienda grande	pequeña/un rulot
5 ¿Cuántas noches quieren quedarse?	e somos cinco sólo una persona	mi mujer y yo y los tres hijos
6 ¿Dónde podemos instalarnos?	f 280 pesetas por persona, 190 los niños menores de ocho años 250 el coche y otras 250 la tienda	180 pesetas la moto

¿Listos?

¡Ya!

Pupil A turn to page 66   Pupil B turn to page 114

A dormir bien 19

Finding accommodation

¿Preparados?
See if you can match numbers 1 – 6 with letters (a) – (f)

	se pregunta		se contesta	y se añade
1	¿Tiene habitaciones libres, por favor?	a	Para una noche	dos noches/una semana
2	¿Para cuántas noches?	b	Es Campbell	Se escribe C-A-M-P-B-E-L-L
3	¿Para cuándo es?	c	La habitación individual cuesta cuatro mil pesetas	la noche
4	¿Qué clase de habitación quiere?	d	Sí, tenemos No, lo siento	está completo
5	¿Cuánto es?	e	Del 10 al 15 de junio Para el 5 de mayo	julio/agosto
6	¿Me da su nombre, por favor?	f	Quisiera una habitación doble	con baño/con ducha/con lavabo/con balcón

¿Listos?

¡Ya!

Pupil A turn to page 68

Pupil B turn to page 116

26

20 Vamos a salir

Arranging to meet a friend

¿Preparados?
See if you can match numbers 1 – 6 with letters (a) – (f)

se pregunta	se contesta	y se añade
1 ¿Estás libre el sábado que viene?	a Delante del cine	en el café enfrente del banco
2 ¿Por qué no vamos al cine?	b A las cuatro y diez	
3 ¿A qué hora quedamos entonces?	c Sí, no tengo nada que hacer / Lo siento, estoy ocupado/a	
4 ¿Y dónde nos vemos?	d Podemos ir a tomar algo / Nada, será demasiado tarde	
5 ¿A qué hora empieza la película?	e Sí, es una buena idea / No, prefiero ir a una discoteca	un restaurante/el teatro/el concierto
6 ¿Qué vamos a hacer después?	f Te veo a las cuatro	a las ocho y media

¿Listos?

¡Ya!

Pupil A turn to page 70

Pupil B turn to page 118

La salud 21

Coping with health problems

¿Preparados?
See if you can match numbers 1 – 7 with letters (a) – (g)

se pregunta	se contesta	y se añade
1 ¿Qué desea?	a Tome una pastilla con un poco de agua dos veces al día Ponga tres gotas diarias	una cucharada de jarabe antes de dormir un supositorio cada noche
2 ¿Qué me puede recomendar?	b Ciento noventa pesetas	
3 ¿Dónde le duele?	c Tengo diarrea Me ha picado algo	tos/un resfriado una avispa/una medusa
4 ¿Qué le pasa?	d Tenemos pastillas	o jarabe/gotas/pomada/ aspirinas/supositorios
5 ¿Tiene fiebre?	e Me duele aquí Me duele el ojo Me duelen los pies	allí/todo el oído/el estómago los riñones
6 ¿Cómo se toma?	f Tiene algo para el dolor de cabeza?	estómago/garganta
7 ¿Cuánto es?	g Sí. Tengo 37 de fiebre No. No tengo fiebre Creo que sí	38/39

¿Listos?

¡Ya!

Pupil A turn to page 72

Pupil B turn to page 120

22 Comunicando

Keeping in touch

¿Preparados?

See if you can match numbers 1 – 6 with letters (a) – (f)

se pregunta	*se contesta*	*y se añade*
1 ¿Dónde puedo comprar sellos?	a Medio kilo	un kilo
2 ¿Dónde está correos?	b Quiero mandar este paquete a Inglaterra	Escocia/Irlanda/Gales
3 ¿Qué desea?	c Cuarenta y cinco pesetas	cada una
4 ¿Cuánto pesa?	d Aquí tiene	Noventa pesetas por favor
5 ¿Cuánto cuesta mandar una postal y una carta a Inglaterra?	e En la Plaza Mayor	
6 Déme dos sellos de cuarenta y cinco pesetas	f En correos	o en un estanco

¿Listos?

¡Ya!

Pupil A turn to page 74

Pupil B turn to page 122

Problemas 23

Making a complaint and getting things fixed

¿Preparados?
See if you can match numbers 1 – 7 with letters (a) – (g)

se pregunta	se contesta	y se añade
1 ¿Puedo ayudarle?	a Sí señor lo haremos hoy mismo	mañana/lo más pronto posible
2 ¿Cuál es el problema?	b Habrá sitio detrás del hotel	delante del bar/enfrente de la piscina
3 ¿Qué le pasa?	c Sí, me falta una manta Sí, me faltan tazas	una sábana vasos/cuchillos/tenedores
4 ¿Puede arreglarlo/la?	d Disculpe, le subiremos una manta ahora mismo	unos platos/unas cucharas
5 ¿Hay algún otro problema?	e Espero que sí, no estoy muy satisfecho/a	
6 ¿Puede ocuparse de esto también?	f Es el aire acondicionado	el grifo en la cocina/la lavadora/la luz en la cocina/una mesa/un cristal
7 ¿Dónde puedo aparcar el coche?	g No sé, pero no funciona Está roto/a	bien Están rotos/as

¿Listos?

¡Ya!

Pupil A turn to page 76   Pupil B turn to page 124

24 A mi parecer

Giving your opinion

¿Preparados?

See if you can match numbers 1 – 6 with letters (a) – (f)

se pregunta	*se contesta*	*y se añade*
1 ¿Qué te parece nuestra ciudad?	a Sí, creo que es bastante difícil	Pero es interesante Me gusta hablarlo
2 ¿Qué te parece la paella?	b Me parece muy bonita/interesante/histórica	Me gusta mucho
3 ¿Te gustan las películas de ciencia ficción?	c Me parecen muy simpáticos/alegres/amigos	Me gustan mucho Hay algunos que no me gustan
4 ¿Encuentras muy difícil el español?	d Creo que es riquísima/sabrosa	Es mi plato favorito
5 Y los españoles, ¿qué te parecen?	e No sé; son típicas	Creo que son un poco crueles
6 ¿Qué opinas de las corridas de toros?	f No tanto Sí, me gustan	Creo que son un poco pesadas/ridículas Las encuentro interesantes

¿Listos?

Jane, ¿qué te parece Alicante?
ALICANTE
Me parece muy bonita, muy interesante. (1)

Y el clima, ¿te gusta?
Sí, me gusta muchísimo. (2)

¿Qué opinas de la playa?
Es maravillosa; me encanta. (3)

¿Qué te parecen los chicos?
Algunos son muy guapos y son todos bastante simpáticos. (4)

¿Es más bonita Alicante que tu ciudad?
Depende, creo que Alicante es mejor para las vacaciones. (5)

No encuentras muy difícil el español, ¿verdad?
Sí, creo que es bastante difícil, pero me gusta hablarlo. (6)

¡Ya!

Pupil A turn to page 78   Pupil B turn to page 126

alumno A
¡Al ataque!

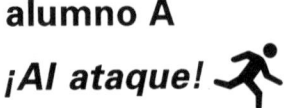

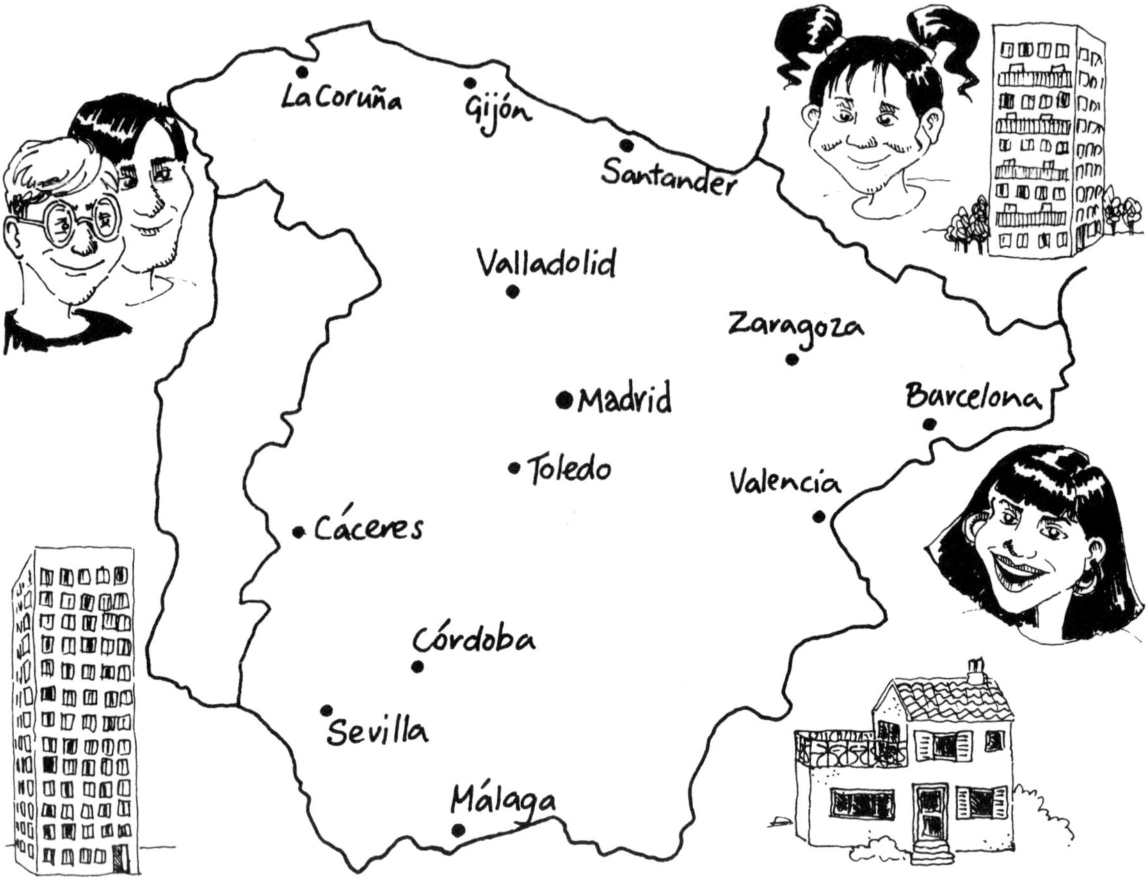

Imagine you are asking some Spanish friends about themselves. Your partner will play the part of four different people. Find out as much as you can about them, then copy out and fill in the grid below. The first one is done for you.

	1 (Example)	2	3	4
Name	Ana Segura			
Age	15			
Town	Gijón (North)			
Brothers/sisters (+ age)	Juanita (12)			
House/flat	Flat			

1 Tú y yo

alumno A

A más

Diálogo

Here are six questions to which your partner has the answers in a jumbled list. See if your partner can answer correctly.

1 — ¿Cuál es tu dirección?

2 — ¿Tienes teléfono?

3 — ¿Tienes animales en casa?

4 — ¿Cómo es tu casa?

5 — ¿Tiene jardín?

6 — ¿Cómo se escribe tu apellido Turner?

A 1

Pen-pals

Below are parts of the description two young people — Encarna Romero and Clara Perelló — have written about themselves for an international pen-pal club. Your partner has the description of two others. Their names are Anne Murphy and Raúl Hernández.

Both you and your partner take it in turns to be each of your characters, and interview each other.

When you have found out as much as you can, decide between yourselves how you would pair the four characters off as pen-pals.

Me llamo Encarna Romero, y soy de Murcia, en el sud-este de España. Tengo dieciocho años, y vivo en un apartamento en las afueras de la ciudad. Tengo tres hermanas, de doce, quince y veintidós años. En casa no tenemos animales, porque es un apartamento bastante pequeño, de tres dormitorios. Claro que no tenemos jardín...

Soy de la ciudad de Barranquilla, en el norte de Colombia, y me llamo Clara Perelló. Tengo trece años, y tengo un hermano mayor de veinte años que se llama Eduardo. Vivimos en una casa pequeña en la calle Bolívar, no lejos del centro de la ciudad, con un jardín pequeño. Tenemos una perra que se llama Che, que ya tiene más de quince años

33

Así soy yo 2

alumno A

¡Al ataque!

Imagine you are telephoning a group of young Spaniards coming to Britain. You have a list of 6 names and 6 photographs, but are not sure which goes with which. Your partner will play the part of each of the 6. Ask questions about each person in turn and decide who is who.

Copy out the list of names and put the number of the correct photo against each name. The first one is done for you.

Example

Alfonsina	1	**Josep**	. . .
José Antonio	. . .	**Concha**	. . .
Mercedes	. . .	**Jorge**	. . .

34

2 Así soy yo

alumno A

A más

Diálogo

Here are six questions to which your partner has the answers in a jumbled list. See if your partner can answer correctly.

1 — ¿Qué tal es tu amiga escocesa?

2 — ¿Ah, sí? ¿Cómo es?

3 — ¿Es pelirroja? Sí, eso es muy típico en Escocia. Y ¿qué más?

4 — ¿De qué color tiene los ojos?

5 — ¿Lleva gafas?

6 — ¡Guapa e inteligente! ¿Qué más?

A 2

Family gathering

You have the photos of 4 Spaniards, your partner has 4 different ones. They come from two different families – Asunción González de Rial and her 3 children, and Eduardo Suárez and his 3 children. Describe the photos to each other, then try to work out which children go with each parent.

When you have decided, jot down the complete name of each family group.

Eduardo Suárez

Juan

Clara

Ramón

35

Aquí vivo yo   3

alumno A
¡Al ataque!

Imagine you are talking to some new Spanish friends about where they live. Your partner will play the part of the Spanish people. Copy out the grid and ask each one questions so that you can fill it in. The first one is already done for you.

Name	Town/Village	Location	Description	Amenities	Region	Opinion
1 Example Pedro	Sevilla	south of Spain	big, old city	cinemas, bars, restaurants, park	agricultural, quite attractive	He likes living there
2 Begoña						
3 Vicente						
4 Pilar						

3 Aquí vivo yo

alumno A

A más

Diálogo

Here are six questions to which your partner has the answers in a jumbled list. See if your partner can answer correctly.

1 — Mis padres y yo queremos ir a Inglaterra el año que viene y nos gusta la idea de hacer un intercambio ¿Qué os parece?

2 — Sí. ¿Puedes describirla, por favor?

3 — ¿Cómo son las habitaciones?

4 — Muy bien ¿Es grande la sala de estar?

5 — ¿Y la cocina, cómo es?

6 — ¿Tu casa está en el centro de la ciudad?

Exchanging homes

Imagine you are a boy/girl from Britain discussing the possibility of a house exchange with a Spanish friend (your partner) for the summer holidays. Get as much information as you can about his/her home and make notes so that you can tell your parents what it is like. Use this sketch of your own house to answer your friend's questions.

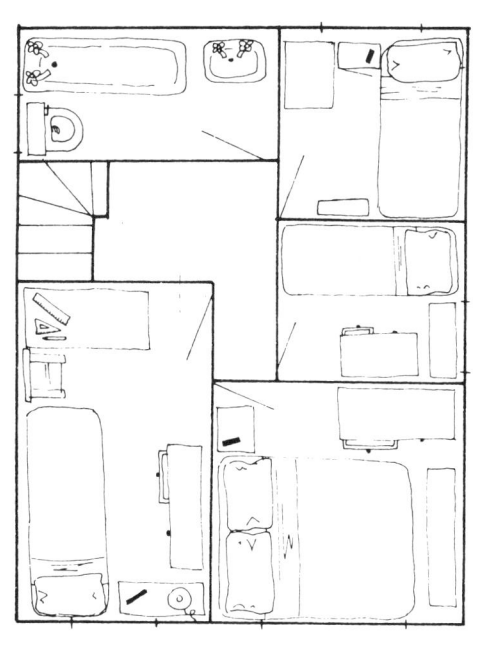

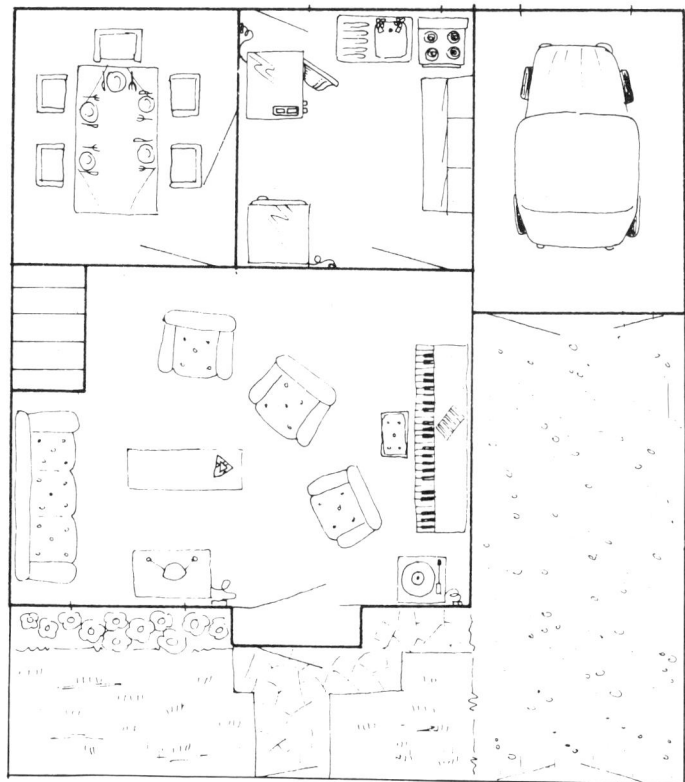

TOWN CENTRE 3 MILES

El colegio 4

alumno A
¡Al ataque!

A4

Imagine you are asking some Spanish students about their schools. Copy out the grid below and fill in the information you receive in each case. Your partner will play the part of the Spanish people. The first one is already done for you.

Name	School	Distance	Transport	School day	Number of pupils	Age range
1 Elena Pascual	Instituto Francisco Goya	2–3 kilometres	bike	9–5	1200	13–18
2 Rafael Pardo						
3 Isabel Ruiz						
4 Juan Antonio Lloniz						

4 El colegio

alumno A

A más

Diálogo

Here are six questions to which your partner has the answers in a jumbled list. See if your partner can answer correctly.

1 — ¿Qué asignaturas estudias?

2 — ¿Cuáles te interesan más?

3 — ¿Hace mucho tiempo que estudias estas asignaturas?

4 — ¿Y en ciencias cómo vas?

5 — ¿Cuáles fueron tus mejores notas en los exámenes?

6 — ¿Practicas algún deporte en el colegio?

A 4

Careers

Imagine you are talking to a Spanish friend (your partner) about what he/she does at school. Ask questions so that you get a good idea of your friend's strengths and weaknesses. Make a brief note of his/her replies. How many of the following areas do you think might interest your friend when he/she is considering a possible career?

- la medicina
- la enseñanza
- la administración
- la contabilidad
- la publicidad
- los transportes públicos
- la construcción
- la industria
- la política
- el periodismo
- los negocios
- el deporte
- la hostelería
- la informática

39

Mis pasatiempos 5

alumno A
¡Al ataque!

Imagine you are talking to some Spanish people about their spare-time activities. Copy out the grid and get the information you need from each one so that you can fill it in. The first one is already done for you.

Name	Activities	Favourite pastime	Musical instrument	Evenings out	Places	Sports
1 Example Ana María	listening to radio, records, reading books	listening to records	guitar	once or twice a week	Disco or cafe	swimming hockey
2 Antonio						
3 Fernando						
4 Cristina						

40

5 Mis pasatiempos

alumno A

A más

Diálogo

Here are six questions to which your partner has the answers in a jumbled list. See if your partner can answer correctly.

1 — ¿Cómo has pasado el fin de semana?

2 — ¿Hiciste algo interesante el domingo?

3 — ¿Adónde fuisteis?

4 — ¿Te gustó?

5 — ¿Qué planes tienes para esta semana?

6 — ¿Sí? ¿Qué vas a hacer?

A 5

Weekend plans

Imagine you are talking to a Spanish friend about what he/she did last weekend and what plans he/she has for the coming week. Copy out the grid and make a note of the information you receive so that you get some idea of your friend's spare-time activities.

Last Weekend	Next Week
	Monday
	Tuesday
	Wednesday
	Thursday
	Friday
	Saturday
	Sunday

Would you say he/she had:
(a) a very full social life
(b) an average social life
(c) a pretty dull existence!

Vida diaria 6

alumno A
¡Al ataque!

Imagine you are asking a group of Spanish friends about the kind of things they do in an average week. Your partner will play the part of four different individuals. Copy out the grid, and find out the information necessary to complete it. The first one is done for you.

	Bedtime	Gets up	Jobs	Money (per week)	Breakfast	Lunch
Example 1 Marisol	11.00	8.00	cleaning	300 ptas	white coffee, bread	home, with family
2 Lorenzo						
3 Pepe						
4 Elena						

6 Vida diaria

alumno A

A más
Diálogo

Here are eight parts to a conversation to which your partner has the responses in a jumbled list. See if your partner can respond correctly.

1 — ¿Qué hiciste el domingo pasado?

2 — ¿Cómo pasaste la mañana?

3 — Y ¿qué hiciste por la tarde?

4 — Pues me levanté temprano, y fui con mi amiga Mercedes a Tarragona.

5 — Porque nos gusta pasear en la ciudad. También nos bañamos después de comer.

6 — Llevamos bocadillos, y comimos en un parque.

7 — Sobre las nueve, y cenamos un poco más tarde. ¿Y tú?

8 — Y ¿a qué hora te acostaste?

A 6

Sunday, Sunday

Here's your diary showing what you did last Sunday. Compare what you did with what your partner did, and decide which of you qualifies for the following titles:

El más dormilón/La más dormilona
El más trabajador/La más trabajadora
El más comilón/La más comilona
El más despilfarrador/La más despilfarradora

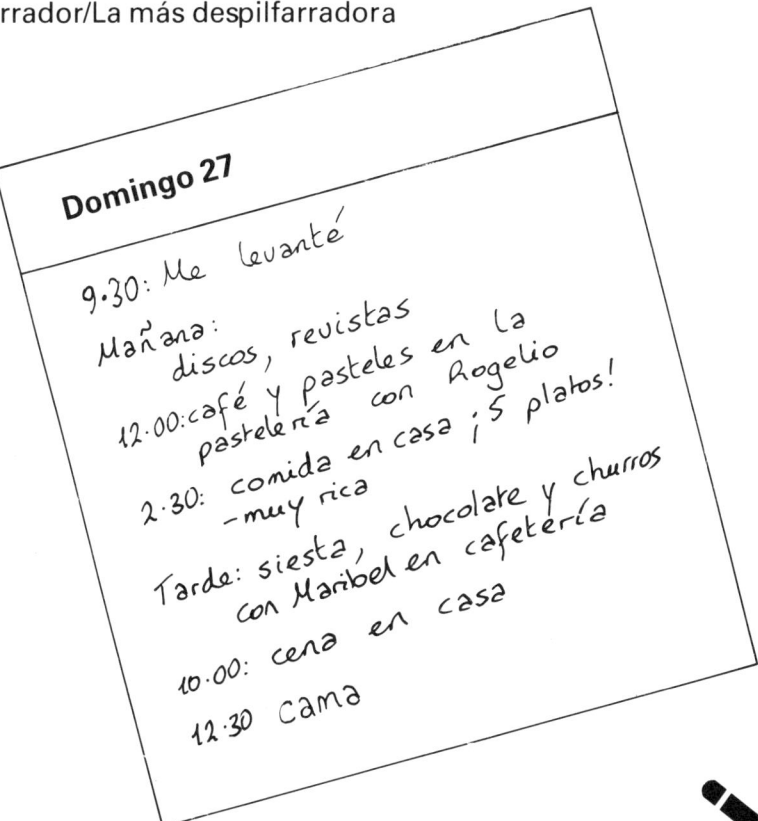

Domingo 27

9.30: Me levanté

Mañana: discos, revistas

12.00: café y pasteles en la pastelería con Rogelio

2.30: comida en casa ¡5 platos! —muy rica

Tarde: siesta, chocolate y churros con Maribel en cafetería

10.00: cena en casa

12.30 cama

Gustos y preferencias — 7

alumno A

¡Al ataque!

Imagine you are talking to different Spanish people about what they like doing in their spare time. Your partner will play the part of the four people shown below. Copy out the grid and then ask your partner questions to find out enough information to fill in the boxes as shown in the example.

Name	Favourite activity	Prefers	Likes	Dislikes
Eusebio	Going to cinema Reading	Horror films Detective novels	Science fiction	Musicals Love stories
Javier				
Virginia				
Raúl				

A7

7 Gustos y preferencias

alumno A

A más
Diálogo

Here are six questions to which your partner has the answers in a jumbled list. See if your partner can answer correctly.

1 — ¿Qué hiciste el día de tu cumpleaños?

2 — ¿Qué tal el teatro?

3 — ¿Te interesa mucho el teatro entonces?

4 — ¿Te gustó el restaurante chino?

5 — ¿Qué regalos recibiste?

6 — ¿Michael Jackson es tu cantante favorito?

A 7

Happy Birthday?

Imagine you are talking to a Spanish friend (your partner) on the telephone about the birthday he/she has just celebrated. Ask questions to find out what things your friend liked and what things could have been better. Make a note of the replies so at least you will know what to avoid sending him/her next year!

outings?
presents?
preferences?

Would you say that, all things considered, your friend had –
a) an excellent birthday
b) a good one
c) an average sort of birthday
d) one he/she would rather forget?

45

De vacaciones 8

alumno A
¡Al ataque!

Imagine you are talking to each of the following Spanish people about how they are to spend their holidays. Ask your partner questions to get enough information to fill in the grid once you have copied it out.
The first one is done for you.

A8

Name	Preferred holiday	This year's choice	Length of stay	Travelling companions	Accommodation
Andrés (Example)	Beach/ sunbathing	Denia/Spain	15 days	Family	Appartment
Felipe					
Pilar					
Milagros					

46

8 De vacaciones

alumno A

A más
Diálogo

Here are six questions to which your partner has the answers in a jumbled list. See if your partner can answer correctly.

1 — ¿Has estado alguna vez en Francia?

2 — ¿Qué te pareció? ¿Te gustó?

3 — ¿Qué hiciste en París entonces?

4 — Me han dicho que la vida es cara en Francia ¿Es verdad?

5 — ¿Qué tal el tiempo cuando estuviste allí?

6 — ¿Y se come bien en Francia?

A 8

Which country?

Imagine that you are planning where to go on holiday. This year you are thinking of going abroad for the first time. Your partner is a Spanish-speaking friend who has travelled widely and so you ask advice about four countries which you think he/she has visited. Make a note of what is said about each country. Which one would you visit?

	VENTAJAS	DESVENTAJAS
AUSTRIA		
GRECIA		
ITALIA		
INGLATERRA		

El porvenir | **9**

alumno A
¡Al ataque!

Imagine you are talking to some Spanish friends about their future plans. Your partner will play the part of 4 different individuals. Copy out the grid and ask your partner questions to help you fill it in. The first one is done for you.

	Marta Román	Manuel Vázquez	Ana Casal	Amparo Higueras
next year	stay at school			
leave school	18			
subjects	art, maths			
profession	engineer			
place of work	small firm			
always live here?	probably not			
travel?	USA, China			

9 El porvenir

alumno A

A más
Diálogo

Here are seven parts to a conversation to which your partner has the responses in a jumbled list. See if your partner can respond correctly.

1 — ¿Cuál es tu mayor ambición?

2 — Pues yo no soy muy ambicioso; quiero ser feliz.

3 — Pues me gustaría casarme bastante tarde, a los treinta años por ejemplo, y llevar una vida tranquila.

4 — A mí no me importa mucho el dinero.

5 — Para mí lo más importante es la vida familiar.

6 — ¿Y los amigos? ¿Qué?

7 — ¿Dónde te gustaría vivir? ¿En el campo?

A9

Crystal ball

Use these notes to explain to your partner what your ambitions are. Compare with your partner's, and try to decide (honestly!) which of you is likely to be happier later on in your opinion.

```
Trabajo:       ingeniero electrónico
Sueldo:        enorme
Empresa:       bastante grande
Familia:       casarme a los 30 años
Amigos:        muchos
Vivienda:      apartamento en la ciudad +
               casa de campo
Viajes:        muchos, largos, frecuentes
Posesiones:    2 coches, varios televisores,
               equipo electrónico, etc.
```

49

En la oficina de turismo — 10

alumno A
¡Al ataque!

A 10

Imagine you are a British visitor seeking information in the tourist office of each of the towns given below. Copy out the grid and ask questions so that you can fill it in. Your partner will play the part of the person in the office. The first one is already done for you.

Town	Hotels	Places of interest	Excursion recommended	Distance
1 Example Sagunto	Hotel Los Alamos (Calle Mayor) Hostal Imperial (Avenida de Benicasim)	Old town Castle Roman Theatre	San José caves (Vall d'Uxó)	20 kilometres
2 Segovia				
3 Córdoba				
4 Alicante				

50

10 — En la oficina de turismo

alumno A

A más

Diálogo

Here are six questions to which your partner has the answers in a jumbled list. See if your partner can answer correctly.

1 — ¿Hay alguna fiesta o festival en la región por estas fechas? Voy a estar aquí hasta el día quince.

2 — Y ¿cuándo son?

3 — Entonces ¿cuántos días duran las fiestas?

4 — ¿Y en qué consisten?

5 — ¿Son interesantes las ferias de Logroño?

6 — ¿Y cómo puedo ir a Logroño?

A 10

What's on

Imagine you are in a Spanish Tourist Office and you want to find out about any local festivals which might be taking place during your stay in the region (until 20th July). You have already made a note of the things you want to know.

Ask the person in the office (your partner) for the information you require and jot down the details on your note-pad.

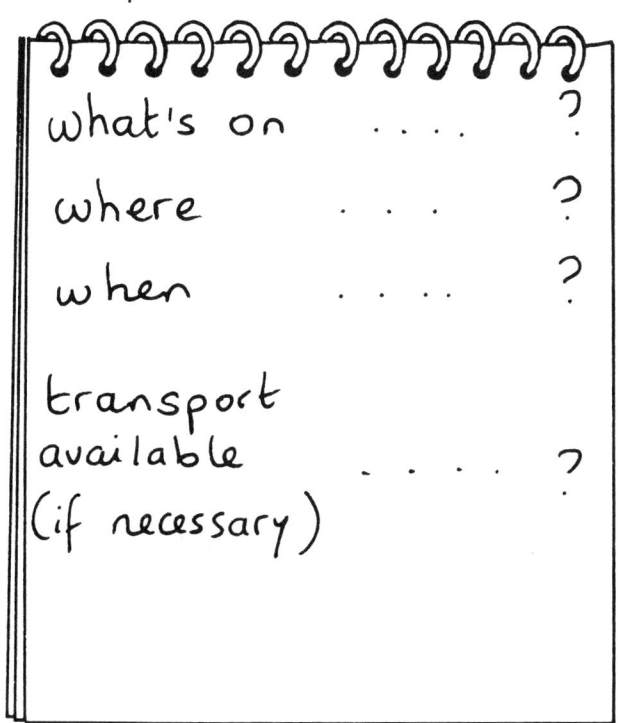

```
what's on      ....?
where          ...?
when           ....?
transport
available      ....?
(if necessary)
```

51

En la ciudad 11

alumno A

¡Al ataque!

Imagine you have just arrived in a Spanish town you don't know, and want to find out where a few places are. Your partner will play the part of a local Spaniard who helps you to find them.

Copy out the list of places below, then against each one write the letter used to show it on the plan.

Imagine you are both standing at the point marked by a cross on the plan.
The first one is done for you.

	Example
Cafe/bar	F
Cathedral	
Travel agency	
Bus station	
Tourist Office	
Chemist's shop	
Bank	

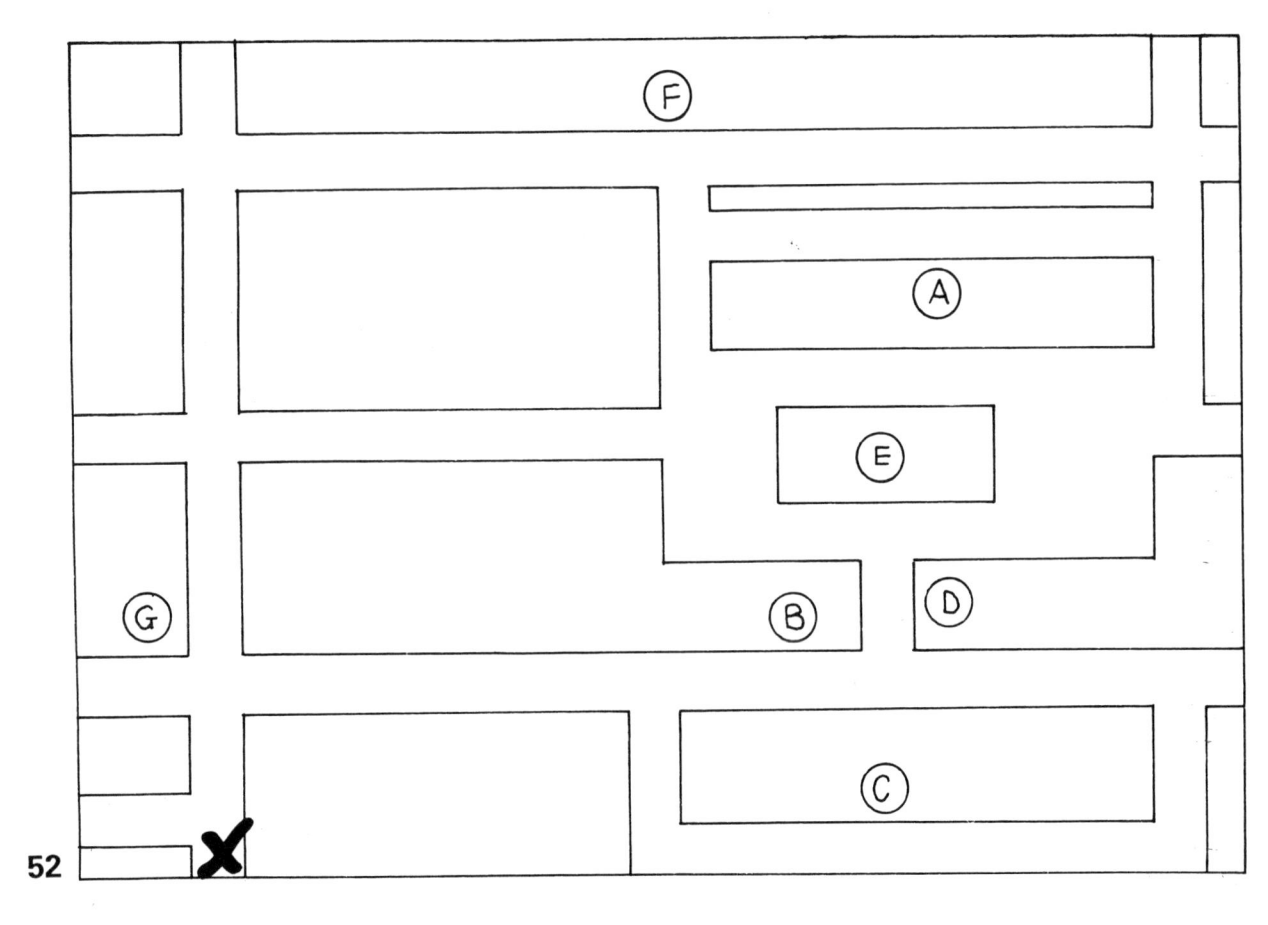

52

11 En la ciudad

alumno A

A más
Diálogo

Here are six questions to which your partner has the answers in a jumbled list.
See if your partner can answer correctly.

1 — ¿Me hace el favor?

2 — ¿Podría decirme dónde está el Hotel Bretón?

3 — ¿Y queda muy lejos la Plaza de España?

4 — ¿También está cerca la Iglesia de San Mateo?

5 — ¿Y oiga está por aquí la piscina?

6 — Por último, ¿por dónde se va en coche a la playa?

Pathfinder

Your plan shows the position of 3 places you would like to visit in a Spanish town:

Iglesia San Martín
Oficina de Turismo
Catedral

Your partner has 3 others:

Mercado
Estatua de Pizarro
Museo de Pintura

Imagine that you and your partner are standing where the two dots are on the plan, and facing in the direction of the arrow.
First exchange information with your partner so that you both know where all 6 places are.
Then together plan the best route through the town to visit all 6, and write down the instructions a visitor would need to follow this route.

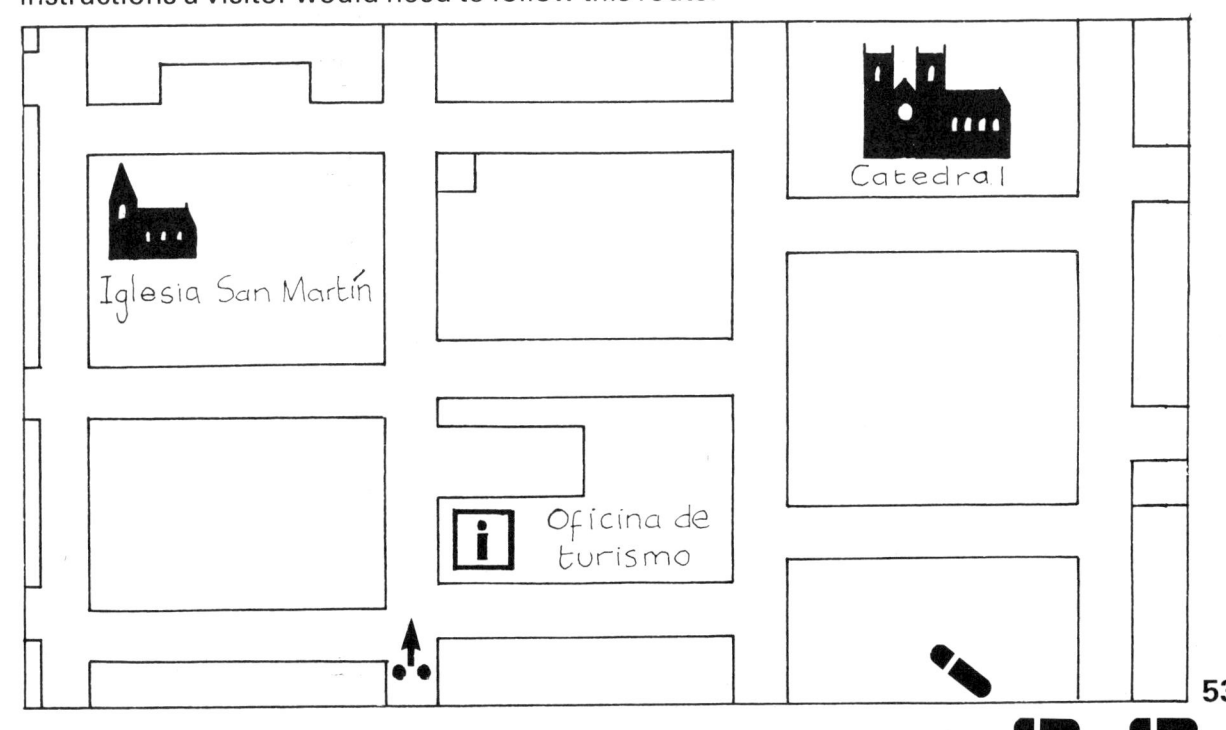

De compras 1 — 12

alumno A
¡Al ataque!

Imagine you are on holiday with your family in Spain. On some days you go to buy some things in the local shop. Your partner will play the part of the shopkeeper. Copy out the shopping lists and note down the price of the items you buy. Put a cross if something is not available.

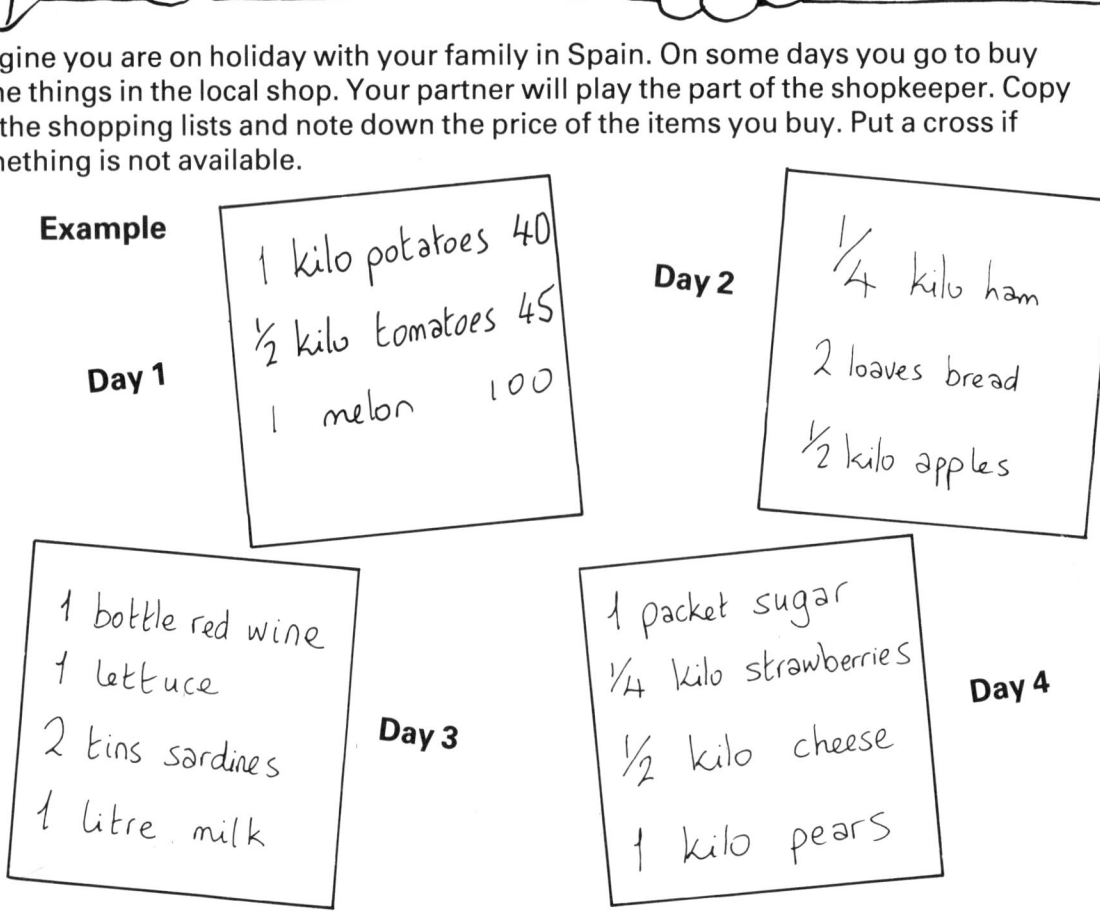

Example

Day 1
1 kilo potatoes 40
½ kilo tomatoes 45
1 melon 100

Day 2
¼ kilo ham
2 loaves bread
½ kilo apples

Day 3
1 bottle red wine
1 lettuce
2 tins sardines
1 litre milk

Day 4
1 packet sugar
¼ kilo strawberries
½ kilo cheese
1 kilo pears

12 De compras 1

alumno A

A más

Diálogo

Here are seven parts to a conversation to which your partner has the responses in a jumbled list. See if your partner can respond correctly.

1 — Buenos días ¿en qué puedo servirle?

2 — Y ¿qué busca exactamente?

3 — Tenemos muchos discos de artistas nacionales e internacionales también.

4 — Depende, pero alrededor de las mil doscientas pesetas por un álbum y setecientas pesetas por un single.

5 — En discos no. ¿Cuánto quiere gastar?

6 — Vamos a ver. ¿Qué le parecen estas figuras en madera de Don Quijote y Sancho Panza? Están rebajadas a cuatrocientas cincuenta pesetas.

7 — De acuerdo. ¿Se las envuelvo?

Souvenirs

Imagine that you are in a large souvenir shop at the end of a holiday in Spain. Think of three of your own relatives or friends for whom you are going to buy presents. Buy something you think will be suitable for each person and do not spend more than an average of 1000 ptas on each one. Your partner will play the part of the shop assistant. Make a note in your diary of what you have bought for whom and how much each present cost.

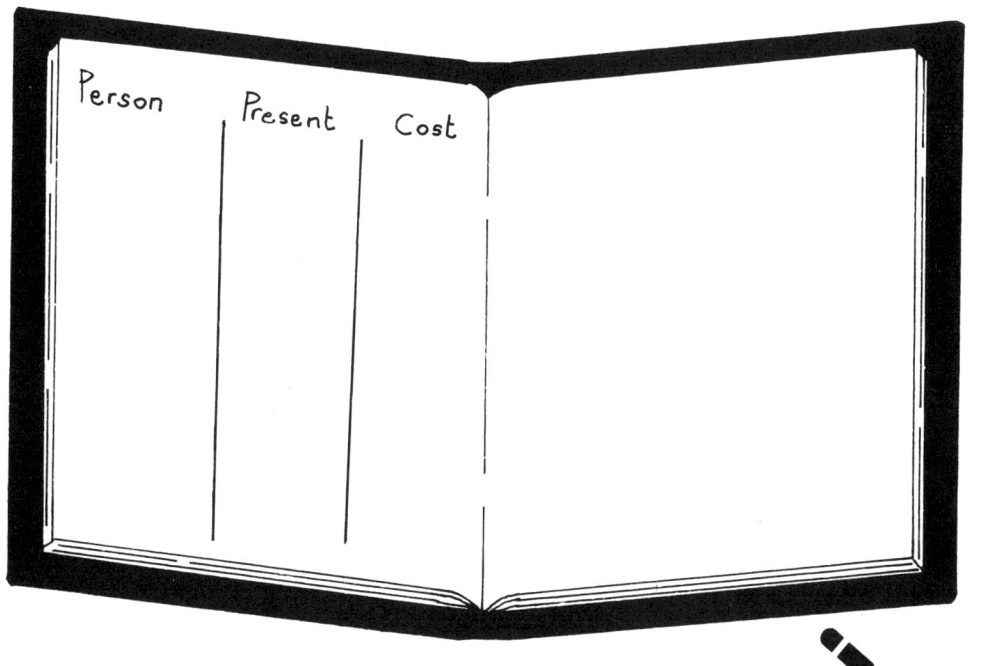

Person	Present	Cost

De compras 2 — 13

alumno A
¡Al ataque!

Imagine you are on holiday in Spain. You go into a department store to buy clothes. Your partner will play the part of the shop assistant. The pictures below show you what you want to buy in each case and how much you want to pay. Listen carefully as the shop might not have exactly what you want, and it is up to you to decide whether to take something different.

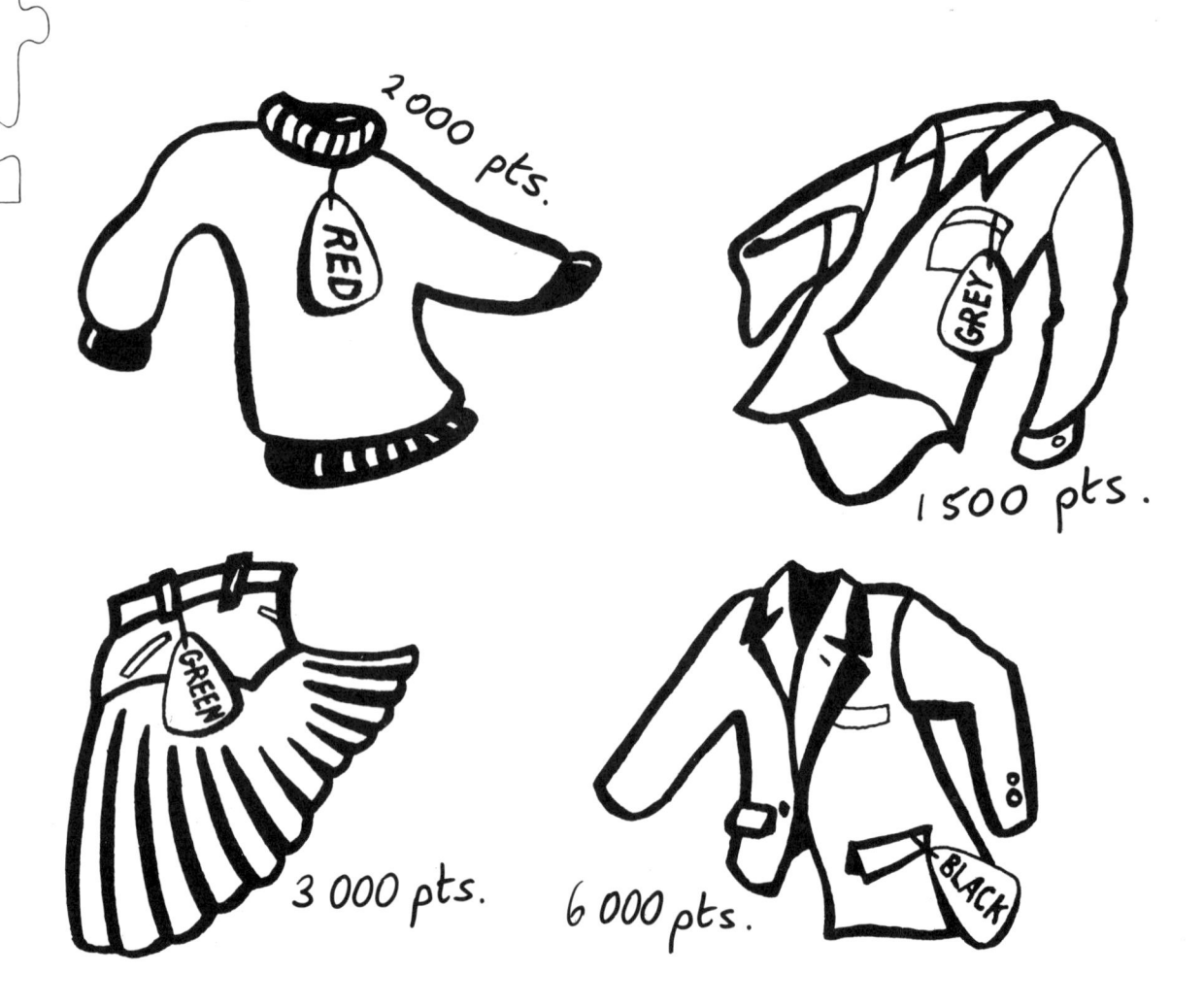

- Jumper — RED — 2 000 pts.
- Shirt — GREY — 1 500 pts.
- Skirt — GREEN — 3 000 pts.
- Jacket — BLACK — 6 000 pts.

Copy out the table below and fill in the details of what you buy. If you don't buy anything put a cross. The first one has already been done for you.

	1	2	3	4
Article	Jumper			
Colour	Blue			
Price	1800			

13 De compras 2

alumno A

A más

Diálogo

Here are six parts to a conversation to which your partner has the responses in a jumbled list. See if your partner can respond correctly.

1 — ¿Podría cambiar este jersey por favor?

2 — No. Lo compré ayer en las rebajas pero es demasiado pequeño.

3 — Ya lo sé pero no me di cuenta hasta esta mañana.

4 — Sí, lo tengo aquí. Me costó 2300 pesetas.

5 — ¿Me puede dar una talla más grande?

6 — Si no ¿me devuelve el dinero?

A 13

Refund

Imagine that you have bought the following items in a sale and need to return them for the reasons shown. Your partner will play the part of the shop assistant. Try to get the goods exchanged or your money refunded.

57

A comer 1 — 14

alumno A
¡Al ataque!

Imagine you are the four people shown below who are customers in a Spanish café. The pictures show what each person does not like. Your partner will play the part of the waiter/waitress. Order something to eat and drink from the menu.

BAR VILLAPLANA LISTA DE PRECIOS

TAPAS (Ración)

Almendras	110	Patatas bravas	75
Aceitunas	85	Ensaladilla rusa	90
Caracoles	120	Champiñones	115
Cacahuetes	65	Gambas	225
Calamares	275	Tortilla española	95

BOCADILLOS

Queso	160	Chorizo	200
Jamón	220	Salchichón	200
Atún	190		

BEBIDAS

Cerveza	75	Zumo de fruta (melocotón; naranja; piña)	85
Refrescos (Coca-cola; Fanta; Schweppes)	115	Café: solo	80
Agua mineral con/sin gas	80	con leche	110
Vino tinto/blanco/rosado	40		

14 A comer 1

alumno A

A más
Diálogo

Here are six parts to a conversation to which your partner has the responses in a jumbled list. See if your partner can respond correctly.

1 — ¿Se sirven comidas aquí en la barra por favor?

2 — ¿Cuánto cuestan?

3 — ¿Qué platos tiene?

4 — Ah, sí. ¿Qué tiene el número 4 por favor? No está muy claro.

5 — Bueno, eso no me apetece demasiado. Creo que voy a pedir el número 2.

6 — Sí déme una caña por favor.

A 14

Bar lunch

Imagine that you have gone into a café in Spain for a bar lunch. Your partner will play the part of the waiter/waitress. The pictures below show what is available though some stains have obscured part of the menu. Ask about any dish which is not clear and decide which one to order.

PLATOS COMBINADOS

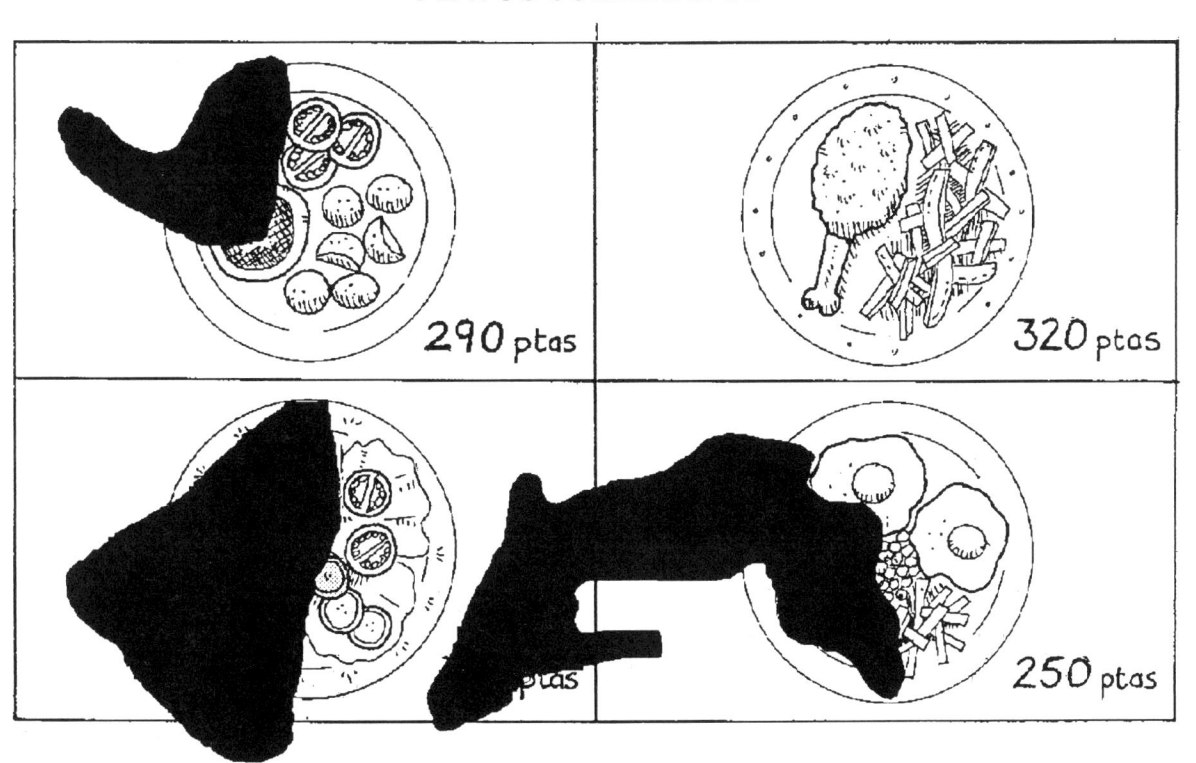

290 ptas

320 ptas

250 ptas

59

A comer 2 — 15

alumno A
¡Al ataque!

Imagine you are on holiday in Spain. You have found a reasonably priced restaurant where you decide to eat each night. Your partner will play the part of the waiter/waitress. You are keen to try as many different dishes as possible during your stay but you must not spend more than 1500 pesetas on each meal. Copy out the grid and keep a note of how much you spend each time as shown in the example.

Restaurante Los Alamos

Entrantes

sopa de tomate	250
sopa de fideos	200
consomé	125
coctel de gambas	470

Pescados y mariscos

calamares a la romana	540
merluza a la vasca	745
lenguado a la plancha	750
trucha a la navarra	625

Bebidas

vino tinto/blanco/rosado	180 ½ botella
	300 botella
agua mineral (con o sin gas)	75 ½ l
gaseosa	90 ½ l
café o infusiones	65

Carnes (todas con patatas fritas)

chuletas de cordero	525
filete de ternera	485
pollo asado	425
lomo de cerdo	60

Arroces

paella valenciana	400
paella de mariscos	485
arroz al horno	390

Postres

flan de casa	175
piña natural	350
helado (fresa/vanilla/chocolate)	275
fresas con nata	300

todos los precios incluyen servicio e IVA

example day 1 1385 ptas	day 2	day 3	day 4

15 A comer 2

alumno A

A más
Diálogo

Here are six parts to a conversation to which your partner has the responses in a jumbled list. See if your partner can respond correctly.

1 — Por favor ¿cuál es el menú del día?

2 — ¿Y de segundo?

3 — ¿Qué es la paella valenciana exactamente?

4 — ¿Qué clase de carne es?

5 — Bien. Voy a probar la paella valenciana y de primero voy a pedir espárragos.

6 — ¿Tardará mucho?

Eating out

Imagine that you and your friend are on holiday in Spain. You have seen the following advert for a restaurant and decide to try it. Find out what is on the menu today from the waiter/waitress who will be played by your partner. Ask for details of any dishes you don't recognise and then order something for yourself and your friend who is a vegetarian.

¡¡PRECIOS *INCREIBLES*!!

MENU DEL DIA

¡¡SOLO 600 PESETAS!!

pan y vino incluído

Restaurante IDOYA
c/. Ruzafa 10
Tel: 3614257

Viajando 1: Transportes públicos — 16

alumno A

¡Al ataque!

Imagine you are in Valencia, and trying to plan trips to Teruel, Albacete and Cuenca. Get information from your partner, who plays the part of a Travel Agency assistant, about train and bus times to each place. Copy out the grid, then ask questions to help you fill in the travel details. Buy a single ticket for the transport which gets you there first in each case, and show which one it is.
The first one is done for you.

		Teruel Dep. Arrive	**Ticket & price**	
RENFE	(TER) (Expreso)	10.15 12.35 11.15 16.05	✓ 1850	
Bus		11.25 16.23		

		Albacete Dep. Arrive	**Ticket & price**	
RENFE	(TER) (Expreso)			
Bus				

		Cuenca Dep. Arrive	**Ticket & price**	
RENFE	(TER) (Expreso)			
Bus				

16 Viajando 1: Transportes públicos

alumno A

A más
Diálogo

Here are eight parts to a conversation to which your partner has the responses in a jumbled list. See if your partner can respond correctly.

1 — Buenos días. Por favor, ¿qué trenes hay para Sevilla para mañana por la tarde?

2 — ¿Son directos?

3 — Y ¿a qué hora llegan?

4 — ¿No hay nada más rápido?

5 — ¿Y para la vuelta?

6 — ¿Quedan asientos en el Talgo de mañana?

7 — Pues déme un billete de ida y vuelta en el Talgo.

8 — Todavía no.

A 16

Going places

Imagine you are at Málaga station, and your partner is the ticket seller. You want to go to Córdoba tomorrow afternoon on the fastest direct train after mid-day that gets in before midnight.
You're prepared to pay a supplement if necessary, but don't know when you're coming back.

CORDOBA

PUENTE GENIL

LA RODA ANDALUCIA

BOBADILLA

MALAGA

63

Viajando 2: En coche — 17

alumno A

¡Al ataque!

A 17

You play the part of a number of drivers who visit a petrol station where your partner is the attendant. In each case, buy the petrol shown, have the necessary checks done, and get the information asked for.
Copy out the last column, and fill in where you will find the things and places mentioned.
The first one is done for you.

Petrol	Checks	Information
Example 1 Full tank high-grade lead-free	oil	toilets — behind shop drinks — in shop
2 30 litres low-grade ordinary	water	ice-cream
3 25 litres high-grade lead-free	battery	toilets maps
4 35 litres high-grade ordinary	oil and water	food (bread, fruit)
5 Full tank low-grade ordinary	water, tyres	drinks toilets

64

17 Viajando 2: En coche

alumno A

A más

Diálogo

Here are six parts to a conversation to which your partner has the responses in a jumbled list. See if your partner can respond correctly.

1 — Buenas tardes. ¿Aquí se reparan pinchazos?

2 — Tengo un pinchazo en este neumático. ¿Cuánto tardará en arreglarlo?

3 — Y ¿se ponen parabrisas?

4 — Muy bien. Otra cosa: ¿quiere mirar el limpiaparabrisas? Parece que tampoco funciona.

5 — ¿Cuánto valen el pinchazo y el parabrisas?

6 — ¿Estamos muy lejos de Granada?

A 17

Pit stop

Imagine you are motoring in Spain and pull in to a garage with a few problems. Your partner will be the mechanic. Try to:
– have a puncture mended;
– have a new windscreen fitted;
– have the battery, radio and headlights looked at;
– find out how much this will cost, and how long it will take;
– check how far you are from Cáceres.

En el camping 18

alumno A
¡Al ataque!

A 18

In each of the following situations imagine you are the tourists who want to book into the *Camping Neus*. Your partner works at the campsite office.

1. 2/3 nights

site number	6
cost per day	1760

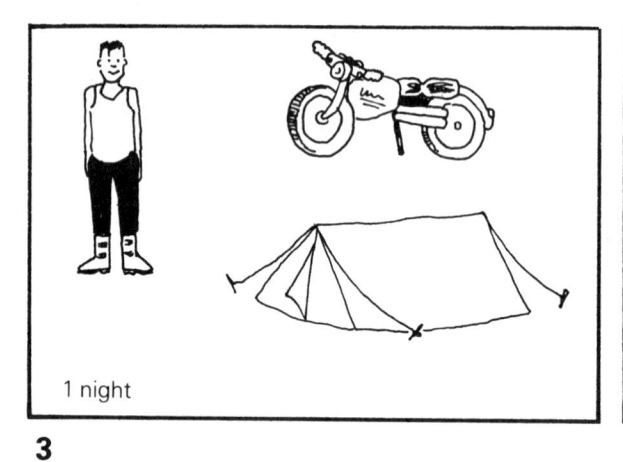

2. 1 week

3. 1 night

4. 17/18 nights

Copy out the grid below, get as much information as you need and make a note of your site number and the cost per day. The first one is done for you.

	1 Example	2	3	4
Site number	6			
Cost per day	1760 ptas			

66

18 En el camping

alumno A

A más

Diálogo

Here are seven parts to a conversation to which your partner has the responses in a jumbled list. See if your partner can respond correctly.

1 — ¿Cuál de estos dos campings prefieres?

2 — A mí no me atrae mucho. Es muy grande y habrá mucha gente.

3 — Creo que será mejor porque es más pequeño. ¿Qué se puede hacer allí?

4 — ¿Está al lado del mar?

5 — Vale ¿Tiene mucha sombra?

6 — Muy bien ¿Y qué clase de servicios ofrece?

7 — Yo prefiero éste. Además es más barato que el otro. ¿Y tú?

Holiday plans

Imagine you are a Spanish boy/girl and you are planning a camping holiday with a friend (your partner). Look at the information you are given about the three possible campsites and discuss the advantages/disadvantages of each one with your friend. Finally, come to an agreement with him/her and decide which one would suit you both.

1 Camping La Dorada — Precio por día ptas.
Situado en primera línea de mar

persona	260
niño	170
tienda	260
caravana	350

Capacidad: 490 personas

2 Camping Las Vegas — Precio por día ptas.
A 10 minutos de la playa

persona	350
niño	270
tienda	350
caravana	430

Capacidad: 1500 personas

3 Camping Los Pinos — Precio por día ptas.
Situado en bello paisaje

persona	190
niño	110
tienda	190
caravana	270

Capacidad: 330 personas

A dormir bien — 19

alumno A
¡Al ataque!

Imagine you are each of the following people who want to book into a Spanish hotel. The pictures show details of the room you want together with the length and dates of your stay. Your partner will play the part of the hotel receptionist. Book the room and fill in the information on the grid once you have copied it out.

1 Mr Horner — 3 nights — 13–16 May

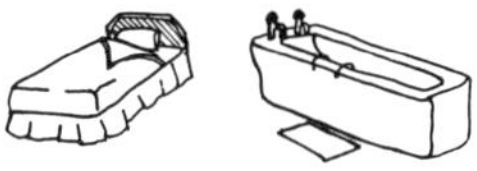

2 Mr & Mrs Ahmed — 5 nights — 20–25 July

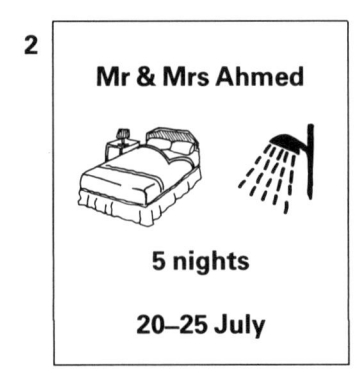

3 Miss Jolley — 1 night — 8 September

4 Mrs Coates — 7 nights — 2–9 June

5 Mr & Mrs Foston — 2 weeks — 16–31 August

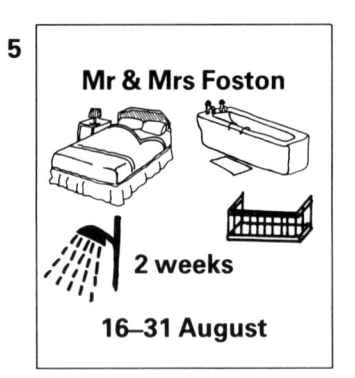

	Example Mr Horner	Mr & Mrs Ahmed	Miss Jolley	Mrs Coates	Mr & Mrs Foston
Price per night	4000 ptas				
Room number	7				

68

19 A dormir bien

alumno A

A más

Diálogo

Here are six questions to which your partner has the answers in a jumbled list.
See if your partner can answer correctly.
Your partner will start the conversation by answering the telephone.

1 —
2 — Buenos días ... oiga por favor ¿me puede dar alguna información sobre el hotel?
3 — ¿Cuánto es una habitación doble por día?
4 — ¿Cómo son las habitaciones?
5 — ¿Qué servicios ofrece el hotel?
6 — ¿Tiene bar?
7 — ¿Dónde está situado el Bailén?

A 19

Hotel Riviera

Imagine that you are going to Spain on holiday. The Hotel Riviera has been recommended to you. You telephone the hotel for further details. Your partner will play the part of the receptionist. Make a note of the information you are given.

	Location	Prices Single Double	Room Facilities	Hotel Facilities
HOTEL RIVIERA Ada. de Asturias 59 Tel: 2730842				

Vamos a salir — 20

alumno A
¡Al ataque!

Imagine you are arranging to go out with some Spanish friends. Your partner will play the part of the Spanish people. The thought bubbles indicate what you have in mind in each case but if the first day you suggest is not convenient try to make an alternative arrangement.

Make a note of what you decide eventually on the grid below.

1
— Manuel, Sunday
— football match
— meet 4 pm (bar opposite ground)
— starts 4.30 pm
— cinema after

2
— Ana, Tuesday (or Wednesday)
— *Mecano* concert
— meet 9.45 pm (in *Las Palmas* bar)
— starts 10 pm

3
— Jorge, any day
— swimming pool
— meet 3.30 pm (outside pool)
— go to park or for a drink after

4
— Marina, Thursday, Friday or Saturday
— theatre
— meet 8 pm (opposite station)
— starts 8.15 pm
— go for a meal after

Name	When?	Where?
1 Example Manuel	4 pm Sunday	bar opposite ground
2 Ana		
3 Jorge		
4 Marina		

20 Vamos a salir

alumno A

A más

Diálogo

Here are six parts to a conversation to which your partner has the responses in a jumbled list. See if your partner can respond correctly.

1 — ¿Tienes ganas de salir esta tarde?

2 — Vamos a mirar el periódico. ¿Te apetece ir al teatro?

3 — En el Serrano ponen *La Chulapona*. Es una zarzuela.

4 — Podríamos ir a una corrida, si quieres.

5 — Entonces ¿qué te parece si vamos al cine? En el Capitol ponen *Los ritos satánicos de Drácula*.

6 — ¿Por qué no vamos al Savoy? Estrenan *El Ultimo Emperador*, la película de Bertolucci.

A 20

Going out

Imagine you are staying with a Spanish friend (your partner) and he/she suggests going out for the evening. Make a note of the places he/she mentions and say what you think about each one. Which suggestions appeal to you most?

Finally, come to some agreement about where you are going to go.

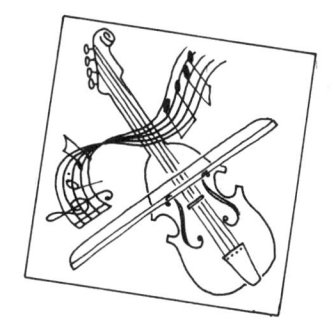

71

La salud 21

alumno A

¡Al ataque!

Imagine you are each of the following tourists who are feeling ill whilst in Spain. The information given shows what is wrong with you. Go to the chemists and buy something to help you. Your partner will play the part of the chemist. Copy out the grid and note down what you have to do as well as the price of any medicine you buy as shown in the example.

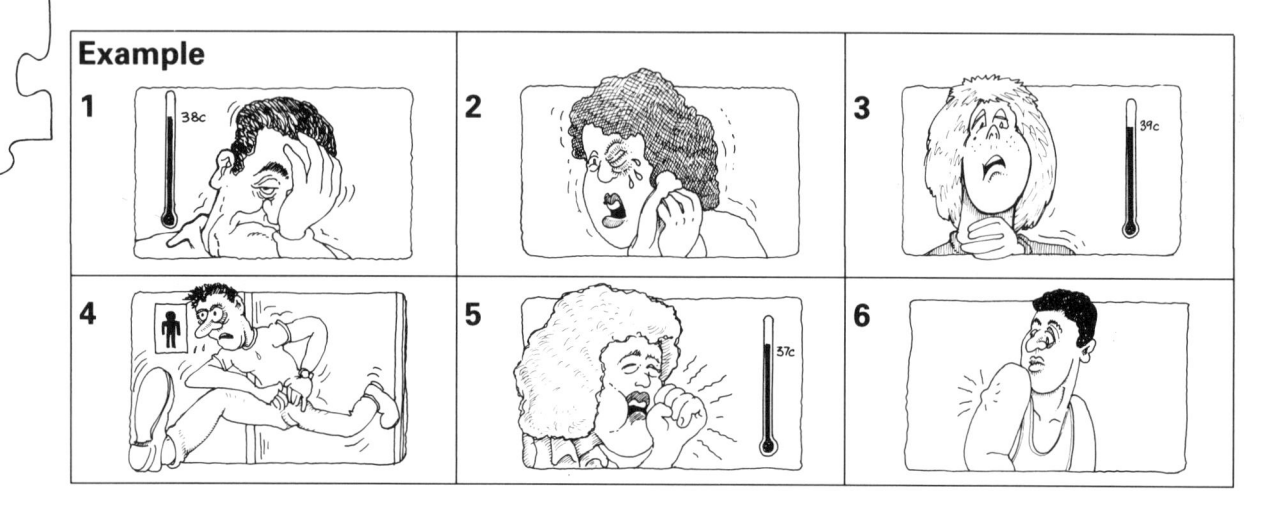

Example

Treatment	Price of medicine
1 One tablet with water twice a day.	190 pesetas
2	
3	
4	
5	
6	

72

21 La salud

alumno A

A más

Diálogo

Here are seven parts to a conversation to which your partner has the responses in a jumbled list. See if your partner can respond correctly.

1 — ¿Puedo ayudarle?
2 — ¿Me da su nombre por favor?
3 — Y ¿Cuál es la matrícula de su coche? Sr. Lake.
4 — ¿Qué pasó?
5 — ¿Cuándo ocurrió?
6 — ¿Dónde fue?
7 — ¿Hubo lesiones?

Road accident

Imagine that you work for a Spanish insurance company. Your partner will play the part of an English tourist who has recently been involved in a road accident. Ask him/her the necessary questions to complete the form below.

Compañía de Seguros **El Fenix S.A.**

Nombre del cliente:

Detalles del vehículo: *cliente:*

otra persona:

Fecha y lugar del accidente:

Detalles del accidente:

Lesiones sufridas:

Comunicando 22

alumno A
¡Al ataque!

Imagine you are staying for the summer with a Spanish friend. During your stay you send the cards, letters and parcels shown below to friends and family. Buy the necessary stamps from the counter assistant, who will be played by your partner, and make a note of how much you spend as shown in the example.

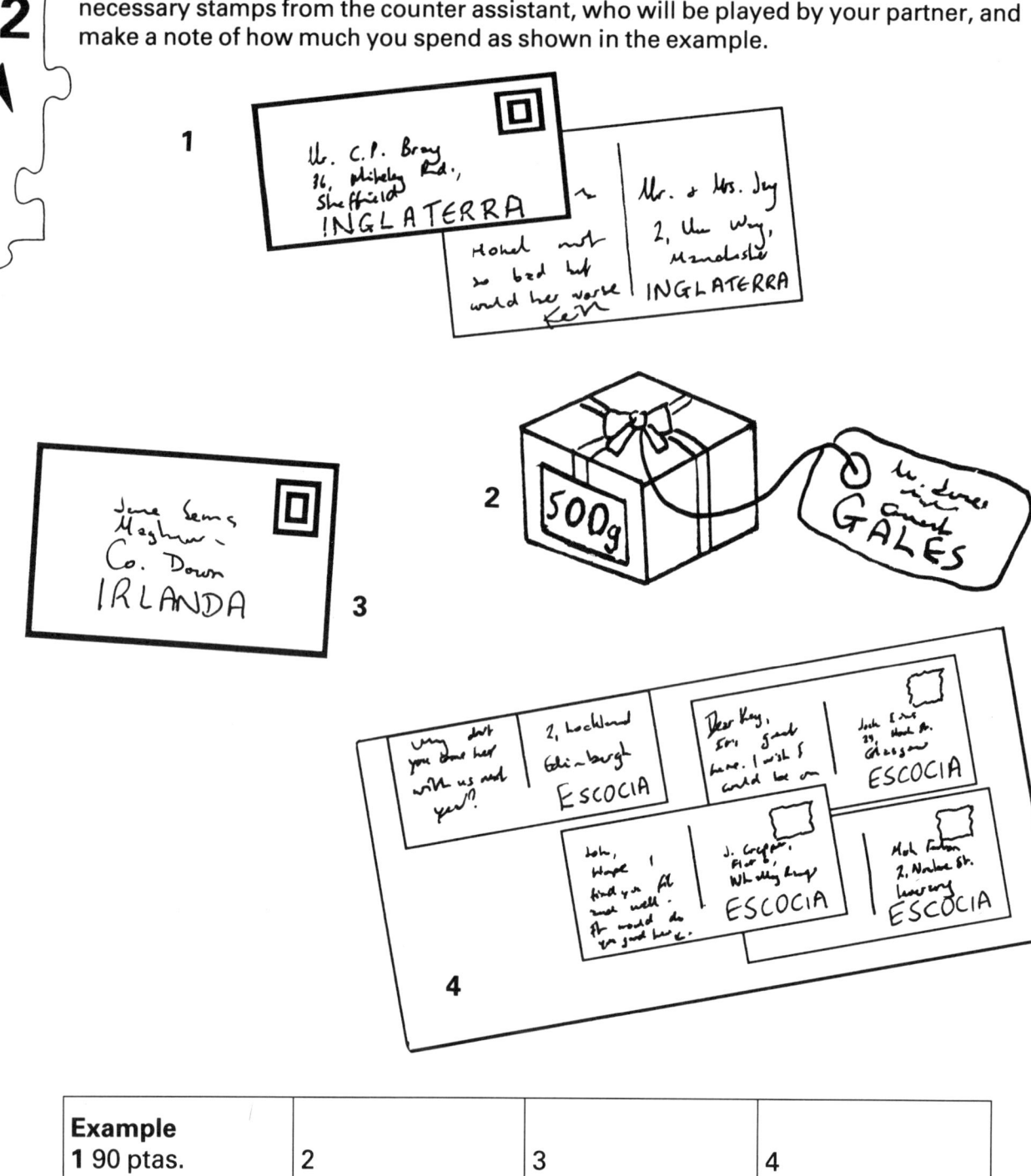

1. (envelope to Mr. C.P. Bray, 36 Mickeley Rd., Sheffield, INGLATERRA; postcard to Mr. & Mrs. Jay, 2 The Way, Manchester, INGLATERRA)

2. (parcel 500g, tag to GALES)

3. (envelope to Jane Sems, Meghum, Co. Down, IRLANDA)

4. (postcards to various addresses in ESCOCIA: Edinburgh, Glasgow, etc.)

Example **1** 90 ptas.	2	3	4

22 Comunicando

alumno A

A más

Diálogo

Here are six parts to a conversation to which your partner has the responses in a jumbled list. See if your partner can respond correctly.

1 — ¡Dígame!

2 — Sí, aquí es.

3 — Pues no, no está en este momento. ¿Quién habla?

4 — Sí, dice que te verá mañana a las seis y media delante del cine si te parece bien.

5 — ¿Tiene tu número?

6 — 3589637. De acuerdo, ya se lo diré. Adiós.

A 22

Messages

Imagine that you are staying with your Spanish friend Ricardo. He has had to go out but has left you two messages to pass on if his friends call. Your partner will play the part of one of those friends. Give him/her the correct information and make a note of anything you are told.

Si llama Asunción:
Excursión montaña para mañana
— autocar 10h30 mañana
— llevar almuerzo
— reunirse 10h00 en casa
— vuelta 4h00 tarde

Si llama Pablo:
cambio de planes
— tenis: partido 5h30 tarde en vez de 10h30 mañana.
— reunirse polideportivo 5h00

75

Problemas 23

alumno A

¡Al ataque!

A 23

In each of the following situations imagine you are a British tourist complaining about certain things that are wrong with your appartment. Your partner will play the part of the agency representative and will try to deal with your complaint. Copy out the grid and fill in the solution to the problem you are offered.
The first one is already done for you.

not working	items broken	missing	any other problem
1 Fridge *will repair today*		knives *will bring some straightaway*	parking *Calle de la Paloma, opposite port*
2 T.V. bedroom light	1 chair	glasses, plates	
3 Washing machine, air conditioning	2 window panes	sheets, blankets	
4 Tap in bathroom	Table in living room	knives, forks, spoons	parking

76

23 Problemas

alumno A

A más 🏃🏃

Diálogo 📼

Here are seven parts to a conversation to which your partner has the responses in a jumbled list. See if your partner can respond correctly.

1 — ¿Puede ayudarme, por favor? He perdido una bolsa en el hotel.

2 — Creo que la dejé allí, al lado de aquella mesa.

3 — Hace unos diez minutos. Subí a mi habitación y cuando volví había desaparecido.

4 — Sí, es azul y blanca. Es de plástico.

5 — Había varias cosas... Un libro, billetes de avión, dos o tres postales y una cámara.

6 — Es una Pentax

7 — Vale. Y si no está allí voy a ir a la policía.

A 23

Lost property

Imagine you are a tourist who has lost the items shown below.
You last saw them three hours ago in your room. Report the loss to the hotel receptionist (your partner).

77

A mi parecer 24

alumno A

¡Al ataque!

A 24

In each of the situations below, imagine you are staying in the house of a Spanish friend, and are answering questions on what you think about things. Your partner will be the Spanish friend, but in each case the town will be different. The notes will give you an idea of some things to say about the different places – but add words and ideas of your own if you like.

Alicante
La ciudad: muy bonita, muy interesante
El clima: gusta muchísimo, encanta
Los chicos: algunos muy guapos, todos bastante simpáticos
La playa: maravillosa; encanta
Alicante/tu ciudad: depende; Alicante mejor para vacaciones
El español: bastante difícil, me gusta hablarlo

Barcelona
La ciudad: interesante, grande
Plaza de Cataluña: impresionante
Los barceloneses: simpáticos
El barrio gótico: antiguo, histórico
Las Ramblas: alegres, bonitas
El ambiente: divertido, estupendo

San Sebastián
La ciudad: agradable
Las playas: bonitas
El clima: agradable, sano
Los turistas: un poco antipáticos
El paisaje: encantador
San Sebastián/ tu ciudad: más pequeña, más bonita, menos distracciones

Valencia
La ciudad: grande, animada
El clima: demasiado caluroso
El puerto: interesante
Las playas: divertidas
Las fiestas: estupendas, magníficas
Los valencianos: alegres, simpáticos

24 A mi parecer

alumno A

A más

Diálogo

Here are six questions to which your partner has the answers in a jumbled list. See if your partner can answer correctly.

1 — ¿Qué te pareció la Costa Brava?

2 — Y ¿qué tal fue tu excursión a Barcelona?

3 — ¿Qué te gustó más?

4 — ¿Te gustó la Plaza de Cataluña?

5 — ¿Qué otros sitios visitasteis?

6 — ¿Qué te parecieron los catalanes?

A 24

Flying visit

Imagine your partner has just paid a quick first visit to Madrid. Find out as many as possible of her or his impressions.
Decide whether he/she liked Madrid more than the person in the dialogue above liked Barcelona and the Costa Brava (your partner can help you).

79

Tú y yo   1

alumno B
¡Al ataque!

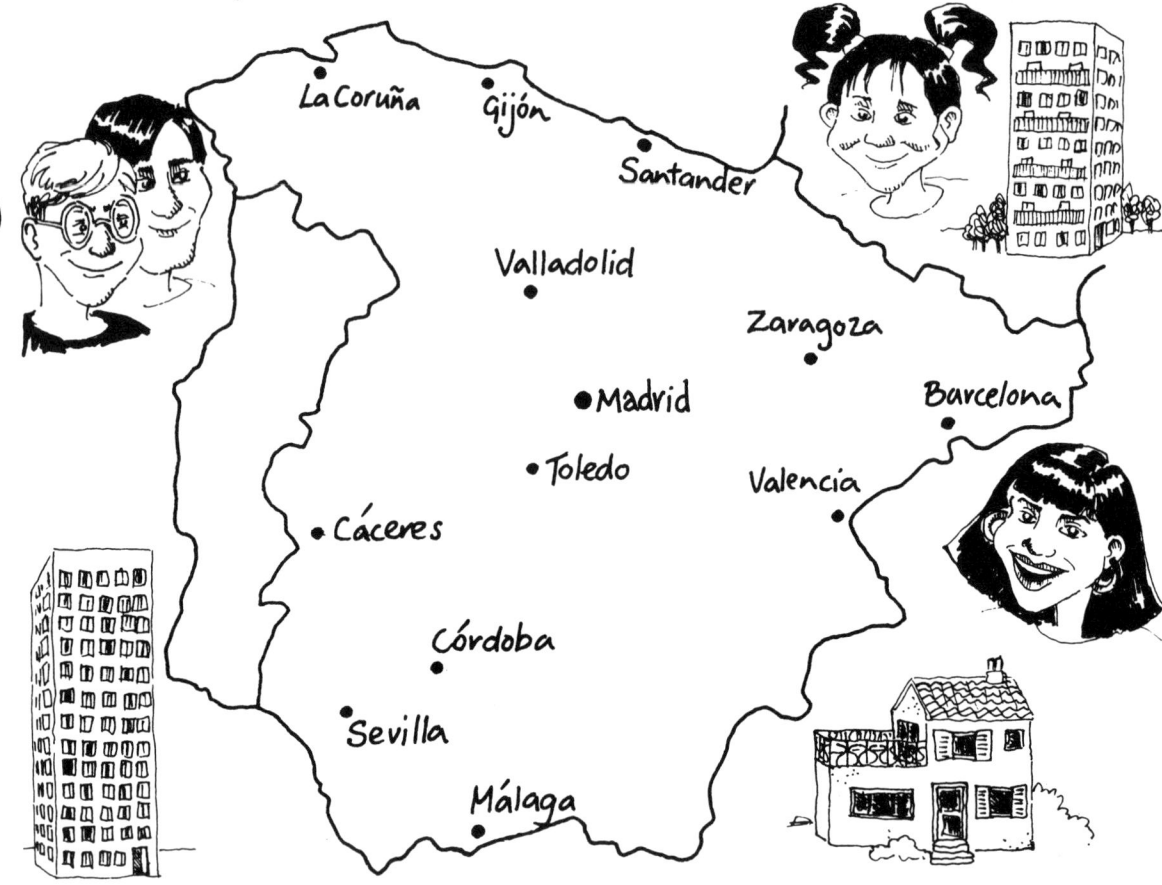

Imagine you are each of the four Spaniards shown below, and that, in each case, your partner is asking you questions about yourself. Give as much information as you can.

	1	2	3	4
Nombre	Ana Segura	Juan Vidal	Carmen Polo	José Cobo
Edad	15	14	16	15
Ciudad	Gijón (norte)	Valencia (este)	Málaga (sur)	Cáceres (oeste)
Hermanos/as	Juanita (12)	Sara (18)	Jorge (6) Luis (8)	Carmina (23) Pastora (20)
Apartamento/casa	Apartamento	Apartamento	Casa	Apartamento

1 Tú y yo

alumno B

A más

Diálogo

Answer your partner's six questions with these answers.
Be careful, they are in the wrong order!

— Se escribe T-U-R-N-E-R

— Es 6, Birch Avenue, Stretford, Lancs.

— Sí, tiene un jardín pequeño

— Sí, tenemos una gata que se llama Doris

— Sí, es el 061 734 8972

— Es bastante pequeña, y tiene tres dormitorios

B1

Pen-pals

Below are parts of the description two young people — Anne Murphy and Raúl Hernández — have written about themselves for an international pen-pal club. Your partner has the description of two others. Their names are Encarna Romero and Clara Perelló.

Both you and your partner take it in turns to be each of your characters, and interview each other.

When you have found out as much as you can, decide between yourselves how you would pair the four characters off as pen-pals.

Me llamo Anne Murphy y soy de Belfast, en Irlanda del norte. Vivo en una casa vieja y bastante grande en Sycamore Terrace, una calle no muy céntrica. La casa tiene un jardín con varios árboles. Tengo una gata y un perro, y mi hermano, que tiene diecisiete años, tiene dos perros. Yo tengo catorce años.

¡Hola! Soy Raúl Hernández, soy de Nueva York, y tengo dieciséis años. Vivo en un apartamento en el oeste de la ciudad, con mis padres, mis tres hermanas (de 3, 8 y 18 años), y mis dos hermanos (5 y 17). El apartamento es bastante grande, porque somos una familia numerosa, pero no tenemos animales, aunque a todos nos gustan mucho los perros.

2 Así soy yo

alumno B

¡Al ataque!

Imagine your partner is telephoning the group of young Spaniards shown in the pictures below, and you are playing the part of each one in turn. Your partner has the photos and the names, but needs to match them up. Answer your partner's questions so that he can put your name to your photograph. Start the conversation by giving your name.

1. José Antonio — 1m 63
2. Josep — 1m 78
3. Alfonsina — 1m 65
6. Jorge — 1m 48
5. Concha — 1m 47
6. Mercedes — 1m 46

2 Así soy yo

alumno B

A más

Diálogo

Reply to your partner using the responses below.
Be careful, they are in the wrong order!

— Es bastante alta; tiene el pelo rojo y la cara redonda.

— Sí, y parece muy inteligente.

— Parece que también es muy deportista – le gusta el tenis y el atletismo.

— Como digo, tiene la cara muy redonda, y además tiene muchas pecas.

— No sé, creo que son azules.

— Es muy guapa.

B2

Family gathering

You have the photos of 4 Spaniards, your partner has 4 different ones. They come from two different families – Asunción González de Rial and her 3 children, and Eduardo Suárez and his 3 children. Describe the photos to each other, then try to work out which children go with each parent.

When you have decided, jot down the complete name of each family group.

Asunción González de Rial

Enrique

Conchita

María Angeles

83

Aquí vivo yo — 3

alumno B

¡Al ataque!

Imagine you are the person named in each of the following four cases and answer the questions of a new British friend (your partner) about the place where you live.

Nombre	Ciudad/ Pueblo	Situación	Descripción	Atractivos	Región	Opinión
1 Pedro	Sevilla	el sur de España	grande, antigua	cines, bares restaurantes, parque	agrícola, bastante bonita	me gusta
2 Begoña	Bilbao	el norte de España	grande, industrial, moderna	cines, teatro, bares, polideportivos	industrial y agrícola	no me gusta
3 Vicente	Almudévar (pueblo)	el este de España	pequeña	bares, 2 o 3 restaurantes, 1 discoteca, campo de fútbol	agrícola	no me gusta
4 Pilar	Toledo	el centro de España	bastante grande, muy antigua	restaurantes, bares, museos, piscinas	agrícola, bonita	me gusta

3 Aquí vivo yo

alumno B

A más

Diálogo

Reply to your partner using the responses below.
Be careful, they are in the wrong order!

— La cocina es nueva, ¿sabes? Tiene una nevera, claro, un lavaplatos, una cocina de gas y un microondas.

— No, es más bien pequeña. Hay un sofá, dos butacas, una televisión y nada más. Creo que es bastante cómoda.

— No, está en las afueras, a unos cuatro kilometros del centro pero los autobuses son muy frecuentes.

— Una es grande y las otras dos son pequeñas. Además de la cama cada habitación tiene un armario y un tocador.

— Claro. Bueno, en la parte de arriba hay tres habitaciones y un cuarto de baño. Abajo hay una sala de estar y una cocina.

— A nosotros también nos gustaría hacer un intercambio, si es posible. ¿Quieres que te diga algo sobre nuestra casa?

Exchanging homes

Imagine you are a Spanish boy/girl and a friend from Britain (your partner) is discussing the possibility of a house exchange with you for the summer holidays. Use the sketch below of your flat to answer your friend's questions. Get as much information as you can about his/her house and make notes so you can tell your parents what it is like.

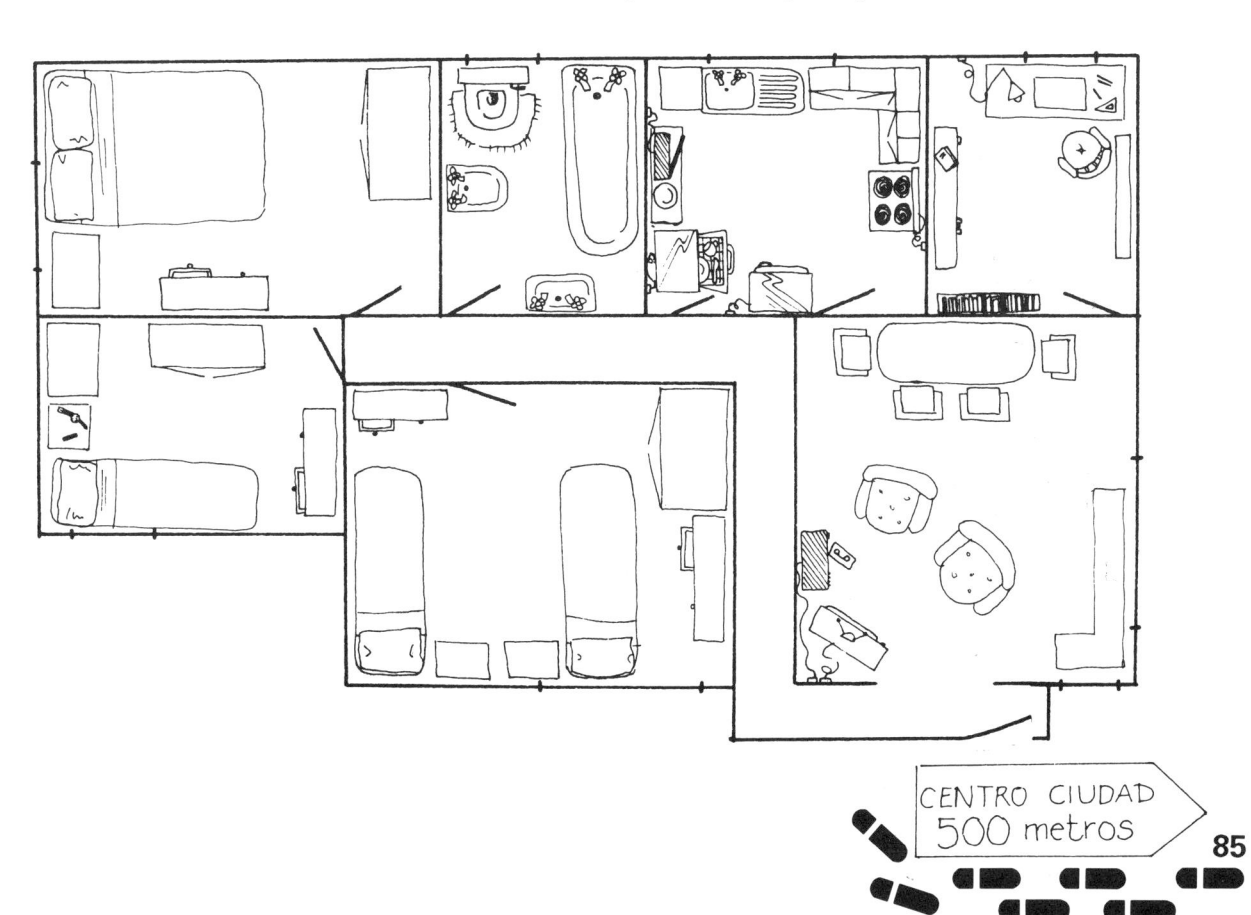

CENTRO CIUDAD 500 metros

El colegio 4

alumno B
¡Al ataque!

Imagine you are the person named in each case below. Use the information given in the chart to answer the questions of a student from Britain (your partner) about your school.

Nombre	Colegio	Distancia	Transporte	Horas de clase	Número de alumnos	Edades
1 Elena Pascual	Instituto Francisco Goya	2–3 kilómetros	bici	9–5	1200	13–18
2 Rafael Pardo	Instituto Blas Infante	5 kilómetros	autobús	9.30–6.30	700	13–20
3 Isabel Ruiz	Colegio San Blas	200 metros	—	9.15–5.15	350	6–13
4 Juan Antonio Lloniz	Colegio Santo Tomás	25 kilómetros	tren	8.45–5	500	13–19

4 El colegio

alumno B

A más

Diálogo

Reply to your partner using the responses below.
Be careful, they are in the wrong order!

— Este año estudio inglés, historia, geografía, química, física, biología, matemáticas y música.

— Saqué un 8 en historia y un 7 en inglés y música.

— Me gustan casi todas pero creo que prefiero historia e inglés.

— Llevo cuatro años estudiando historia y empecé el inglés este año.

— Sí, juego al fútbol y hago atletismo.

— Soy flojo en física y química pero voy bastante bien en biología.

Careers

Imagine you are a student in a Spanish school and a friend (your partner) is asking you questions about your studies and other activities. This form, which you have just completed as part of a school survey, will provide most of the information you need to answer his/her questions.

Asignaturas	Años de estudio	Nota y evaluación	Preferencias	Deportes
Lengua Española	9	5 - suficiente	Física	Footing
Inglés	4	6 - bien	Química	Tenis
Física	2	8 - notable	Inglés	Natación
Química	2	7 - notable		
Matemáticas	9	6 - bien		
Historia	3	3 - insuficiente		
Geografía	3	2 - muy deficiente		
Dibujo	1	5 - suficiente		

Mis pasatiempos 5

alumno B
¡Al ataque!

Imagine you are the Spanish person in each of the following cases and answer the questions of a British friend about your spare-time activities. Your interests are listed in order of preference.

Nombre	Intereses	Instrumento musical	Salgo	Voy...	Deportes
1 Ana María	discos radio libros	la guitarra	1 vez o 2 veces por semana	a la discoteca, al café	la natación y el hockey
2 Antonio	dibujar y pintar, música clásica, teatro	el clarinete y la flauta	3 veces por semana	a un concierto, al cine	el judo y el alpinismo
3 Fernando	computadoras, literatura, televisión	—	4 o 5 veces por semana	al café, a la casa de un amigo	el baloncesto y el ciclismo
4 Cristina	libros, moda, música, cocinar	el violín	2 veces por semana	al campo, a un restaurante	—

5 Mis pasatiempos

alumno B

A más

Diálogo

Reply to your partner using the responses below.
Be careful, they are in the wrong order!

— Conseguimos entradas para el concierto de rock en la plaza de toros.

— Mucho. Estuvo fenomenal.

— Muy bien, el sábado fui a cenar con Teresa y después fuimos a una discoteca. Lo pasé estupendamente.

— Sí, salí con mis amigos.

— Esta noche voy a quedarme en casa, y mañana también, pero los otros días estoy muy ocupado.

— El miércoles y el jueves voy al gimnasio y el viernes iré al cine, creo.

Weekend plans

Imagine you are a Spaniard talking to a friend from Britain (your partner) about what you did last weekend and what plans you have for the coming week. Use the information from your diary to answer your friend's questions. Today is Monday 15th.

13 sábado	domingo 14
baloncesto (¡ganamos! 86-80) Fiesta, casa de Juan – bastante bien	Real Madrid – Barcelona con Juan (3-3 ¡qué partido!)

marzo

15 lunes	18 jueves
'Doblón' (nueva discoteca) con Juan, Ana y Maite	
16 martes	19 viernes
¡¡deberes!!	Club juvenil
17 miércoles	20 sábado / domingo 21
¡más deberes!	paseo en bici con Ana cine? / playa con la familia

89

Vida diaria 6

alumno B
¡Al ataque!

Imagine you are each of the 4 people shown below, and that your partner is asking each one in turn questions about what she or he does in an average week. Use the information given to answer your partner's questions.

	Hora de... acostarse	Hora de... levantarse	Quehaceres	Dinero (semana)	Desayuno	Comida
1 Marisol	11.00	8.00	Limpieza	300 ptas	Café con leche, pan	Casa, con familia
2 Lorenzo	11.30	7.45	Compra	250 ptas	té, pastel	colegio
3 Pepe	10.00	8.30	—	400 ptas	tortilla pan, leche	cafetería
4 Elena	11.15	8.00	—	500 ptas	leche	bocadillo en casa

6 Vida diaria

alumno B

A más
Diálogo

Reply to your partner using the responses below.
Be careful, they are in the wrong order!

— Sobre la una de la mañana.

— Poca cosa. Me levanté muy tarde, sobre las once.

— Y ¿a qué hora volvisteis a casa?

— Comí muy bien con la familia, luego fui con unos amigos a un partido de fútbol. Y tú, ¿cómo pasaste el día?

— Pues me quedé en casa, escuchando discos y leyendo un poco.

— ¿Por qué?

— Y ¿dónde comisteis?

— Yo cené poco. Fui a un café con los amigos y tomamos unas tapas.

Sunday, Sunday

Here's your diary showing what you did last Sunday. Compare what you did with what your partner did, and decide which of you qualifies for the following titles:

El más dormilón/La más dormilona
El más trabajador/La más trabajadora
El más comilón/La más comilona
El más despilfarrador/La más despilfarradora

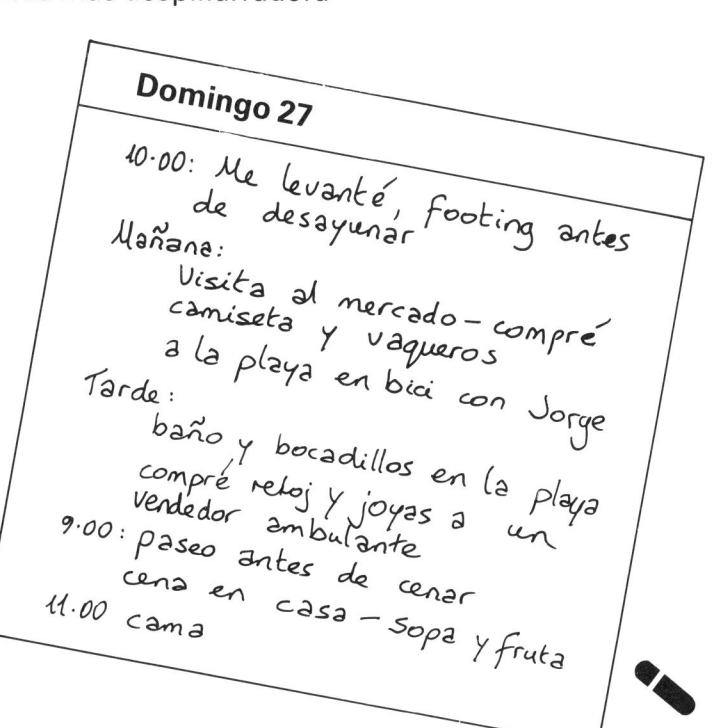

Domingo 27

10.00: Me levanté, footing antes de desayunar
Mañana: Visita al mercado – compré camiseta y vaqueros
a la playa en bici con Jorge
Tarde: baño y bocadillos en la playa
compré reloj y joyas a un vendedor ambulante
9.00: paseo antes de cenar
cena en casa – sopa y fruta
11.00 cama

91

Gustos y preferencias 7

alumno B
¡Al ataque!

Imagine that you are each of the four Spaniards shown below. Use the information given to answer your partner's questions about your likes and dislikes.

Nombre	Actividad preferida	Gusta más	Gusta	No gusta nada
Eusebio	ir al cine leer	películas de terror, novelas policíacas	ciencia ficción	musicales novelas románticas
Javier	hacer deporte escuchar música	jugar al fútbol clásica	baloncesto ligera	hacer campo a través, rock duro
Virginia	ver la televisión leer	teleseries tebeos	dibujos animados, revistas de moda	documentales periódicos
Raúl	cocinar hacer deporte	comida china esquí	comida italiana, natación	comida india

7 Gustos y preferencias

alumno B

A más
Diálogo

Reply to your partner using the responses below.
Be careful, they are in the wrong order!

— Bueno, creo que la comida española es mejor pero, vamos, estuvo bien.

— No tanto. Es interesante ver una obra de vez en cuando pero prefiero ir a un concierto de rock.

— Salí con mi familia. Fuimos al teatro y después a un restaurante chino.

— Pues, un walkman, un jersey que, a decir verdad, no me gusta nada, y el nuevo disco de Michael Jackson.

— Fue divertido. Me gustó.

— Creo que canta bien pero no es tan bueno como Bruce Springsteen.

Happy Birthday?

Imagine you are a Spaniard and a friend from Britain (your partner) has telephoned to ask about what you did on your birthday and what presents you received. Answer his/her questions and, if appropriate, say what you really prefer! The speech bubbles should provide the information you need.

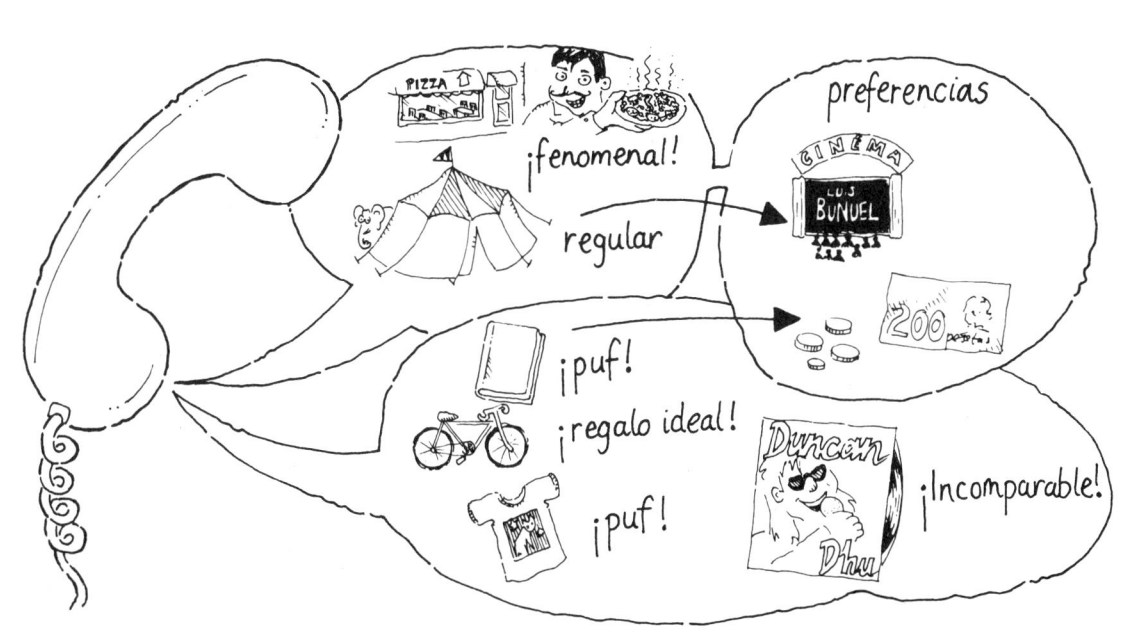

preferencias

¡fenomenal! — PIZZA
regular — (circo) → CINEMA Buñuel
¡puf! — (libro)
¡regalo ideal! — 200 pesetas
¡puf! — (bicicleta)
¡puf! — (camiseta)
¡Incomparable! — Duncan Dhu

93

De vacaciones 8

alumno B

¡Al ataque!

Imagine you are each of the four Spanish people shown below. Use the information given to answer your partner's questions about your holiday plans.

1. Andrés
2. Felipe
3. Pilar
4. Milagros

8 De vacaciones

alumno B

A más
Diálogo

Reply to your partner using the responses below.
Be careful, they are in the wrong order!

— Pues sí. Los precios son bastante elevados.

— Sí. Fue muy interesante. París es una ciudad impresionante y Normandía una región preciosa.

— Sí el año pasado estuve en París y Normandía.

— Cuando yo estuve llovió y no hizo mucho calor.

— Huy, muchas cosas. Por ejemplo visité los museos, fui al teatro y también vi los monumentos más conocidos.

— A mí personalmente me gustó mucho la comida, sobre todo la carne.

Which country?

Imagine that you are a Spanish person who has travelled abroad on quite a few occasions. Your partner is a friend who is trying to decide where to go on holiday and who asks your advice about four places you have visited. Use the information shown below to answer your partner's questions.

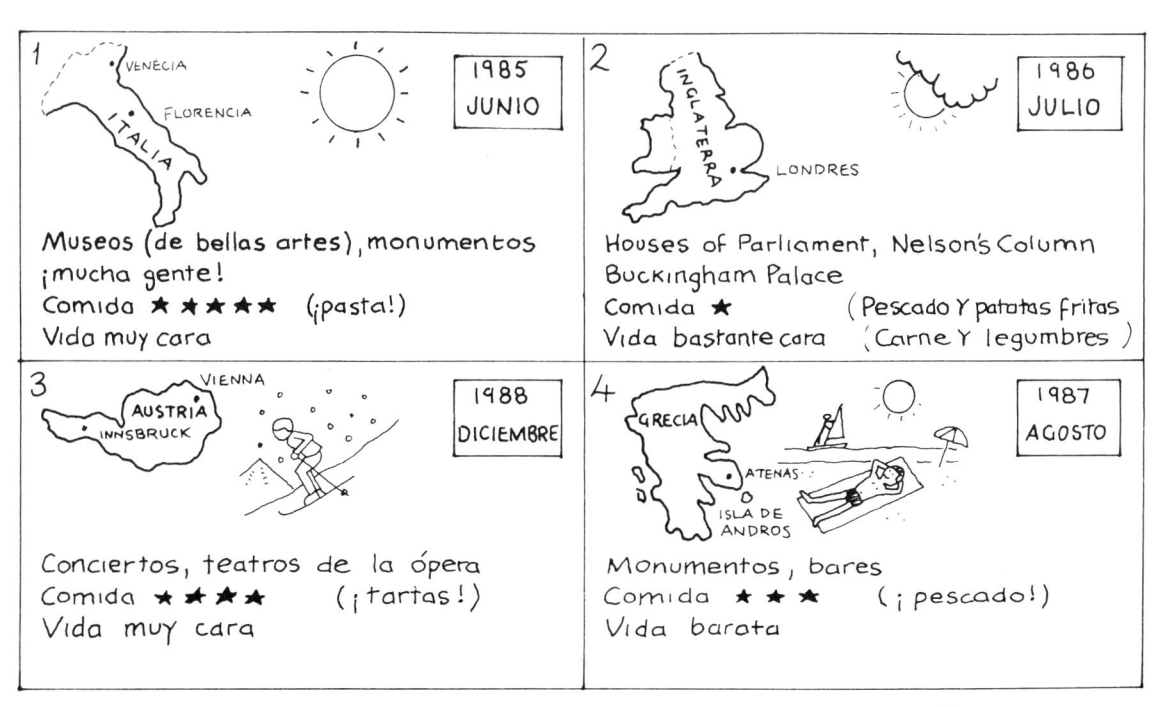

1. ITALIA (VENECIA, FLORENCIA) — 1985 JUNIO
Museos (de bellas artes), monumentos ¡mucha gente!
Comida ★★★★★ (¡pasta!)
Vida muy cara

2. INGLATERRA (LONDRES) — 1986 JULIO
Houses of Parliament, Nelson's Column, Buckingham Palace
Comida ★ (Pescado y patatas fritas, Carne y legumbres)
Vida bastante cara

3. AUSTRIA (VIENNA, INNSBRUCK) — 1988 DICIEMBRE
Conciertos, teatros de la ópera
Comida ★★★★ (¡tartas!)
Vida muy cara

4. GRECIA (ATENAS, ISLA DE ANDROS) — 1987 AGOSTO
Monumentos, bares
Comida ★★★ (¡pescado!)
Vida barata

El porvenir 9

alumno B

¡Al ataque!

Imagine you are each of the four characters shown below, being asked questions by your partner about your future. Use the information given in the charts to answer the questions.

	Marta Román	**Manuel Vázquez**	**Alfonsina Casal**	**Amparo Higueras**
año que viene	seguir estudiando	dejar el colegio	seguir estudiando	seguir estudiando
colegio hasta los .. años	18	16 años	18 años	18 años
estudios	dibujo, matemáticas	...	literatura	matemáticas y física
profesión	ingeniera	aprendiz de carpintero	¿?	investigadora
lugar de trabajo	empresa pequeña	empresa pequeña	¿editorial?	laboratorio de física
¿vivir siempre aquí?	no (probablemente)	sí	no	quizás
¿viajes?	Estados Unidos, China	Unión Soviética	poco	Africa

96

9 El porvenir

alumno B

A más

Diálogo

Reply to your partner using the responses below.
Be careful, they are in the wrong order!

— A mí sí. Quiero tener un apartamento de lujo, varios coches y muchos electrodomésticos.

— Yo quiero ser rica. ¿Y tú?

— Para mí es el trabajo. Espero tener un puesto importante en una empresa grande, y viajar mucho.

— ¡Qué va! En una ciudad grande como Madrid o Barcelona.

— ¿Qué quieres decir con eso?

— Yo no. Preferiría no casarme, vivir sola, y ganar mucho.

— Claro que tendré muchos amigos.

Crystal ball

Use these notes to explain to your partner what your ambitions are. Compare with your partner's, and try to decide (honestly!) which of you is likely to be happier later on in your opinion.

```
trabajo:      asistente médico
sueldo:       sin mucha importancia,
              lo suficiente para vivir
empresa:      hospital / centro médico
familia:      casarme bastante joven,
              tener 3/4 hijos
vivienda:     modesta, fuera de la ciudad
              si posible
viajes:       viajes a Italia, Inglaterra,
              para conocer otros países
posesiones:   muebles antiguos si posible,
              si no, no tienen importancia
```

97

En la oficina de turismo 10

alumno B
¡Al ataque!

Oficina de Turismo

Imagine you work in the Tourist Office of the town indicated in each case below. Use the information given in the chart to answer the questions of a British tourist (your partner).

Ciudad	Hoteles	Sitios de interés	Excursión recomendada	Distancia
1 Sagunto	Hotel Los Álamos (Calle Mayor) Hostal Imperial (Avenida de Benicasim)	el barrio antiguo el castillo, el teatro romano	las cuevas de San José (Vall d'Uxó)	20 kilómetros
2 Segovia	Hotel Castilla (Calle de San Ginés) Hotel Don Carlos (Calle Real)	los monumentos romanos la Catedral	el Palacio de Riofrío	11 kilómetros
3 Córdoba	Hotel Mezquita (Calle del Rey Heredia) Hostal del Gran Capitán (Avenida Cruz Conde)	muchos monumentos árabes y romanos los barrios antiguos los museos los jardines	el Castillo de Cabra	65 kilómetros
4 Alicante	Hotel Baleares (Calle Churruca) Hotel Mediterráneo (Avenida de Loring)	la Catedral, El Castillo de Santa Barbara el Ayuntamiento	las cuevas de Canalobre o Guadalest (pueblo bonito)	40 kilómetros 50 kilómetros

10 — En la oficina de turismo

alumno B

A más
Diálogo

Reply to your partner using the responses below.
Be careful, they are in the wrong order!

— Hay autobuses cada hora. Salen de la Plaza de San Andrés.

— Bueno, hay competiciones deportivas, procesiones todos los días y, la última noche, fuegos artificiales. Es muy bonito.

— Pues aquí empiezan pasado mañana y las de Logroño tienen lugar la semana que viene.

— Sólo tres días. Terminan el domingo.

— ¿Sí, son muy populares. Hay corridas de toros, festivales folklóricos y cabalgatas.

— Sí, hay fiestas patronales aquí en el pueblo y también las ferias de la vendimia en Logroño.

What's on

Imagine you work in a Spanish Tourist Office and answer the questions of a tourist (your partner) about forthcoming local festivals. The posters should contain all the information you need.

GRANDES FIESTAS PATRONALES
BARRIO SAN JOSE

lunes 13 de julio
a
jueves 15 de julio

procesiones

baile

parque de atracciones

autobuses: cada 25 minutos 7h – 23h

SALIDA: ESTACION CENTRAL

FESTIVAL DE CULTURA EN CAMPANAR

sábado 17 y domingo 18 de julio

servicio directo de metro: línea central

En la ciudad 11

alumno B
¡Al ataque!

Imagine you are a Spaniard in your home town, and your partner is a visitor.
With the help of the map below, answer your partner's questions about where different places are.

Imagine you are both standing at the point marked by a cross on the plan.

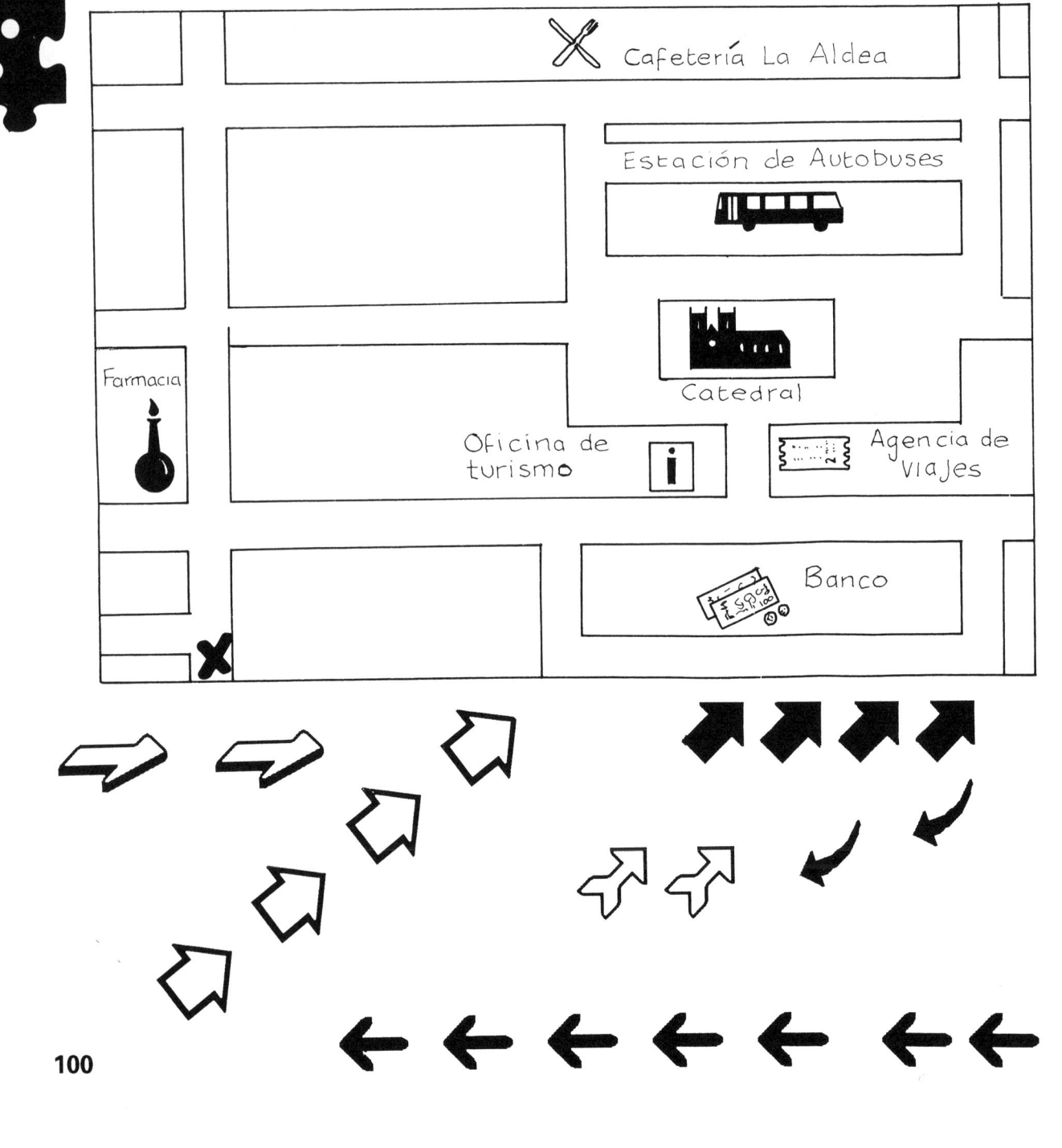

100

11 En la ciudad

alumno B

A más

Diálogo

Reply to your partner using the responses below.
Be careful, they are in the wrong order!

— Mire, tuerza a la izquierda al final, y la playa está a cien metros. No se puede perder.

— Dígame.

— No no, siga todo recto, luego al final, tuerza a la izquierda, y la plaza está enfrente.

— Pues, estará a unos diez minutos andando. Coja la primera calle a la derecha, luego la tercera a la izquierda, y está a mano izquierda.

— Sí, está en esta misma calle, después del banco.

— No, está en la esquina de esta calle, a cien metros. No hay pérdida.

Pathfinder

Your plan shows the position of 3 places you would like to visit in a Spanish town:

Mercado
Estatua de Pizarro
Museo de Pintura

Your partner has 3 others:

Iglesia San Martín
Oficina de Turismo
Catedral

Imagine that you and your partner are standing where the two dots are on the plan, and facing in the direction of the arrow.

First exchange information with your partner so that you both know where all 6 places are.

Then together plan the best route through the town to visit all 6, and write down the instructions a visitor would need to follow this route.

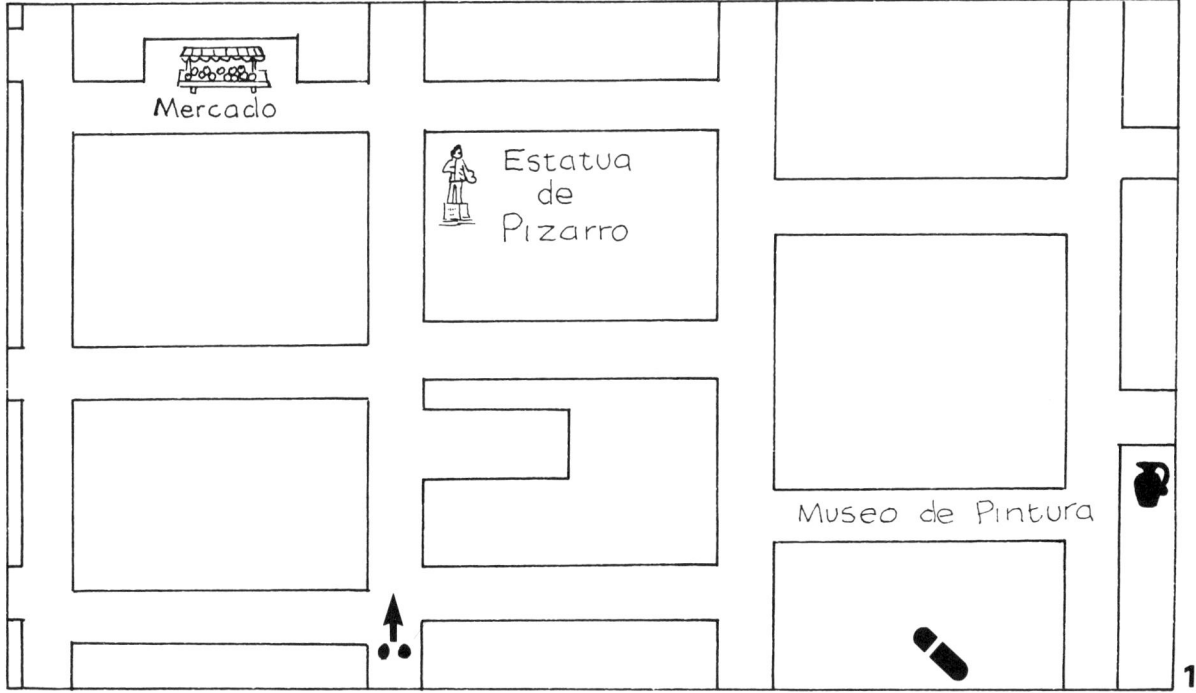

101

De compras 1 — 12

alumno B

¡Al ataque!

Imagine you are a Spanish shopkeeper and that your partner is a customer who comes into your shop on different days. Use the information below to serve him/her each time. Keep a note of what you sell and add up the bill as shown in the example.

patatas	40 ptas.	Kg.
tomates	90 ptas.	Kg.
lechugas	35 ptas.	pieza
naranjas	85 ptas.	Kg.
manzanas	70 ptas.	Kg.
fresas	400 ptas.	Kg.
melones	100 ptas.	pieza
sardinas	80 ptas.	bote
jamón	1200 ptas.	Kg.
queso	700 ptas.	Kg.
vino blanco/tinto	90 ptas.	botella
leche	120 ptas.	litro
azúcar	110 ptas.	paquete

Ejemplo 1

1 kilo patatas 40
½ kilo tomates 45
melón 100
_____
185

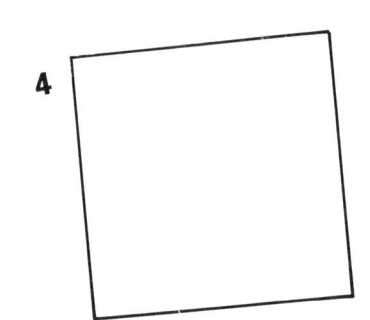

2.

3.

4.

12 De compras 1

alumno B

A más
Diálogo

Reply to your partner using the responses below.
Be careful, they are in the wrong order!

— Bueno, mi hermano es aficionado a la música y a mis padres les gusta coleccionar recuerdos de varios países del mundo.

— Ah, pues, muy bien. Son muy bonitas. Me quedo con ellas para mis padres y ya buscaré otra cosa para mi hermano.

— Puedo gastarme unas quinientas pesetas por persona.

— Estoy buscando regalos para mi familia.

— Sí por favor.

— ¿Y cuánto cuestan?

— Me parece un poco caro. ¿Tiene algo más barato?

Souvenirs

Imagine that you are an assistant in a large souvenir shop in Spain. Your partner is buying presents to take home to relatives and friends. Using the information given below try to sell your partner something suitable for each person.

103

De compras 2 | 13

alumno B
¡Al ataque!

Imagine you are working in the clothes section of a large department store in Spain. Your partner will play the part of a customer. The information below gives details of the items you have on sale. A line through a particular size or colour means that it is sold out. If you haven't got exactly what your partner wants then try to sell an alternative.

artículo	colores	tallas	precio
	verde negro	36 38 40	2750
	gris negro ~~azul~~	~~36~~ 38 40 42 44	8800 *oferta especial de la semana marrón 42 y 44 ¡¡5000 ptas!!*
	azul ~~rojo~~	36 38 ~~40~~ 42 44	1800
	~~blanco~~ azul claro gris	36 38 40 42	1500

Copy out the table below and fill in the details of what you manage to sell. If you don't sell anything to a particular customer then put a cross in the box. The first one has been done for you.

	1	2	3	4
artículo	jersey			
color	azul			
precio	1800			

13 De compras 2

alumno B

A más

Diálogo

Reply to your partner using the responses below.
Be careful, they are in the wrong order!

— Bien. Pues en este caso creo que sí se puede hacer algo.

— ¿Qué le pasa? ¿Tiene algún defecto?

— Bueno, normalmente no se admiten devoluciones de artículos que están de oferta ¿sabe?

— Vamos a ver. ¿Tiene el recibo por favor?

— Si la tenemos, sí.

— Sí, o bien puede escoger otra cosa del mismo valor.

Refund

Imagine that you are an assistant in a large department store in Spain. Your partner is a customer who wants to return certain goods bought at your store. The store's policy is usually only to exchange goods or return money if goods are faulty. Try to reach a satisfactory agreement with your partner and make a note in the store's record book of what you do.

artículo	razón	cambiado por	reembolso

A comer 1 | 14

alumno B
¡Al ataque!

Imagine you are a waiter/waitress in a Spanish café. Your partner will play the part of different customers. Use the information given on the price list to serve each customer and make out a bill for each person as shown in the example.

1 Ejemplo	2	3	4
1 cerveza 75 1 aceitunas 85 1 bocadillo jamón 220 380			

BAR VILLAPLANA LISTA DE PRECIOS

TAPAS (Ración)
Almendras	110	Patatas bravas	75
Aceitunas	85	Ensaladilla rusa	90
Caracoles	120	Champiñones	115
Cacahuetes	65	Gambas	225
Calamares	275	Tortilla española	95

BOCADILLOS
Queso	160	Chorizo	200
Jamón	220	Salchichón	200
Atún	190		

BEBIDAS
Cerveza	75	Zumo de fruta (melocotón; naranja; piña)	85
Refrescos (Coca-cola; Fanta; Schweppes)	115	Café: solo	80
Agua mineral con/sin gas	80	con leche	110
Vino tinto/blanco/rosado	40		

14 A comer 1

alumno B

A más

Diálogo

Reply to your partner using the responses below.
Be careful, they are in the wrong order!

— Sí tenemos una selección variada de platos combinados.

— Número 2 ... pescado con patatas fritas. ¿Quiere beber algo?

— El 4 tiene dos salchichas, huevo frito, patatas fritas y ensalada.

— Depende. Hay de varios precios según el plato.

— Allí, encima de la barra verá usted las fotos.

Bar lunch

Imagine that you work in a Spanish café. Your partner will play the part of a customer who comes in for a bar lunch. Use the information below to answer his/her questions and take the order. Find out also what your partner wants to drink.

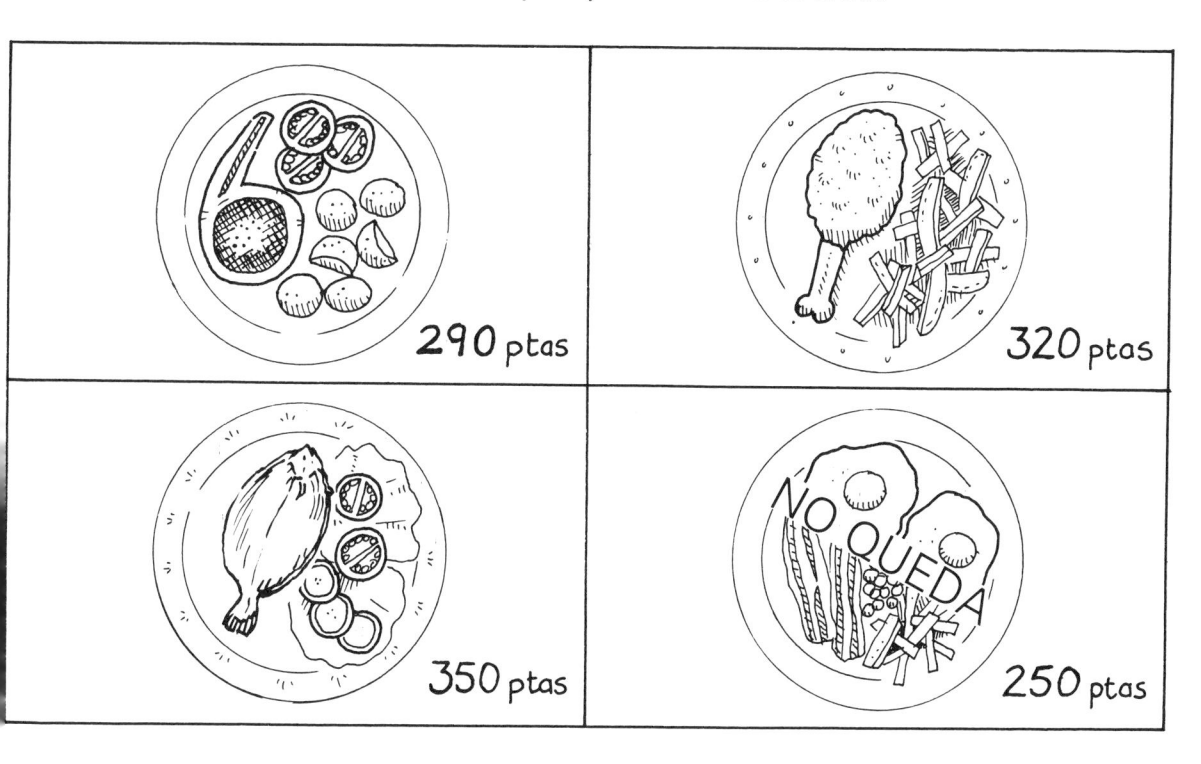

290 ptas	320 ptas
350 ptas	250 ptas (NO QUEDA)

A comer 2 — 15

alumno B
¡Al ataque!

Imagine you are a waiter in a Spanish restaurant. Your partner is on holiday and comes in on several occasions for a meal. Take his/her order and in each case write out the bill as shown in the example.

Facturas

Ejemplo: día 1

1° plato
  sopa de tomate   250

2° plato
  chuletas cordero
  patatas fritas   525

Postre
  helado fresa   270

Bebidas
  ½ vino tinto   180
  1 agua   90
  1 café   65
                       _____
                       1385

día 2	día 3	día 4

Restaurante Los Alamos

Entrantes

sopa de tomate	250
sopa de fideos	200
consomé	125
coctel de gambas	470

Pescados y mariscos

calamares a la romana	540
merluza a la vasca	745
lenguado a la plancha	750
trucha a la navarra	625

Bebidas

vino tinto/blanco/rosado	180	½ botella
	300	botella
agua mineral (con o sin gas)	75	½ l
gaseosa	90	½ l
café o infusiones	65	

Carnes (todas con patatas fritas)

chuletas de cordero	525
filete de ternera	485
pollo asado	425
lomo de cerdo	60

Arroces

paella valenciana	400
paella de mariscos	485
arroz al horno	390

Postres

flan de casa	175
piña natural	350
helado (fresa/vanilla/chocolate)	275
fresas con nata	300

todos los precios incluyen servicio e IVA

15 A comer 2

alumno B

A más

Diálogo

Reply to your partner using the responses below.
Be careful, they are in the wrong order!

— No, unos veinte minutos aproximadamente.

— Hoy de primero tenemos sopa de pescado o espárragos con mayonesa.

— De acuerdo.

— De pollo y de conejo.

— Para después hay paella valenciana o chuletas de cordero con patatas fritas.

— Es un plato que tiene arroz, carne, tomate y judías verdes.

Eating Out

Imagine that you are a waiter/waitress in a Spanish restaurant. Use the information below to answer your partner's questions about today's set menu and take the order.

RESTAURANTE IDOYA

MENU DEL DIA

1° sopa de tomate
o
melón con jamón

2° pollo asado con ensalada
o
arroz a la cubana

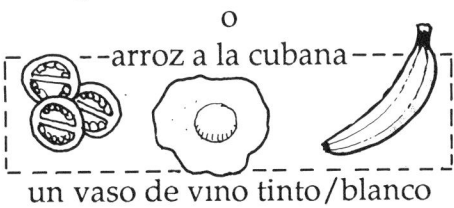

un vaso de vino tinto/blanco

Viajando 1: Transportes públicos — 16

alumno B
¡Al ataque!

B 16

Imagine you are working in a Spanish Travel Agency in Valencia, and your partner comes to ask you about trips to Teruel, Albacete and Cuenca. Use the charts below to answer your partner's questions.

RENFE

Destino: **TERUEL**

Salida	Llegada	Tren	Precio (ida)
10.15	12.35	TER	1850
11.15	16.05	Expreso	1325

Destino: **ALBACETE**

Salida	Llegada	Tren	Precio (ida)
9.05	14.17	Expreso	1530
11.15	14.57	TER	2140

Destino: **CUENCA**

Salida	Llegada	Tren	Precio (ida)
14.45	18.06	TER	1965
12.26	17.49	Expreso	1470

AUTOBUSES *LA DORADA*

Salida	Llegada	Precio (ida)
Destino: **TERUEL**		980
11.25	16.23	
Destino: **ALBACETE**		1380
8.45	13.12	
15.25	21.10	
Destino: **CUENCA**		1150
11.23	17.43	
14.18	20.50	

110

16 Viajando 1: Transportes públicos

alumno B

A más
Diálogo

Reply to your partner using the responses below.
Be careful, they are in the wrong order!

— Sí, hay un Talgo a las 15.35, que llega a las 16.52; pero en el Talgo hay que pagar un suplemento.

— No, en el tren de las 15.15 tiene usted que cambiar en Bobadilla.

— Pues antes de volver tiene que reservar su asiento en taquilla.

— Muy bien. ¿Sabe en qué tren va a volver?

— Para volver usted tiene varios trenes. Tenga este horario.

— Sí.

— A ver ... tiene usted un tren a las 15.15 y a las 17.40.

— El de las 15.15 llega a las 17.23 y el de las 17.04 a las 18.38.

Going places

Imagine you are a ticket-seller at Málaga station, and your partner is a passenger. With the help of the time-tables below, supply the necessary information and tickets. A supplement is required on the Talgo, and on the return trip reservations must be made before catching the train.

MALAGA → BOBADILLA → PUENTE GENIL → CORDOBA

Km.	ESTACIONES	Rápido 11513 (3) (A)	Tranvia 23401	Tranvia 4337 (2)	Talgo 141 (3)	Picasso Expreso 943 (6) (A)	Tranvia 4339	Expreso 996 (1) (A)	Expresso 847 (3) (A)	Exp. Talgo Costa Sol 843 (4)
–	MALAGA .... S.	10.55	13.00	13.50	14.50	18.55	19.10	19.30	21.20	22.45
4	Los Prados		13.06	13.55			19.15	GIBRALFARO	ESTRELLA	TALGO CAMAS
11	Campanillas		13.13	14.01			19.21			
14	Los Remedios									
17	Cártama		13.20	14.08			19.28			
23	Aljaima		13.25	14.14			19.32			
29	Pizarra		13.31	14.20			19.38			
37	Alora	11.22	13.37	14.27		19.23	19.45	19.57		
44	Las Mellizas		–	14.34			19.51			
49	El Chorro		–	14.41			20.04			
61	Gobantes		–	14.53						
69	BOBADILLA	11.54	–	15.12	15.41	20.01	20.25	20.44	22.25	23.42
81	Fuente Piedra		–	15.22		20.34				
93	La Roda	12.14	–	15.36			20.47	21.05	22.49	0.02
103	Casariche	12.22	–	15.44			20.54			
116	Puente Genil	12.32	–	15.55	16.14	20.47	21.04	21.22	23.09	0.20
120	Campo Real		–							
136	Aguilar de la Fra.	12.48	–	16.20			21.20	21.40	23.30	0.37
143	Montilla	12.55	–	16.40			21.27	21.47	23.39	
152	Montemayor		–	16.52						
159	Fernán Núñez		–	16.58			21.39			
169	Torres Cabrera		–	17.05						
176	El Chaparral		–							
185	Valchillón		–							
193	CORDOBA ...... Ll.	13.29	–	17.26	17.08	21.39	22.05	22.19	0.13	1.13

111

Viajando 2: En coche 17

alumno B
¡Al ataque!

Imagine you are the attendant at a petrol station. Your partner will play the part of several customers.
Ask each customer what kind of petrol they want, carry out any checks they ask you to do (everything is O.K., tell them) and answer any questions, using the information from the plan.

SERVICIOS

Tienda (refrescos, helados, chocolate, mapas)

bar

17 — Viajando 2: En coche

alumno B

A más
Diálogo

Reply to your partner using the responses below.
Be careful, they are in the wrong order!

— ¿Cómo no? Ya se lo miro. ¡Ah! No es nada, estaba mal conectado.

— En seguida se hace; estará listo en unos veinte minutos.

— Claro.

— También. Para eso tendrá usted que esperar una hora o así.

— No tanto. Está a unos sesenta kilómetros por la carretera general. Le quedan unos cuarenta minutos en coche.

— El pinchazo dos mil quinientas pesetas, el parabrisas quince mil.

Pit stop

Imagine you are a mechanic in a garage on the main road about 30 kilometres from Cáceres. Your partner will be a motorist with a few problems!
Try to help your partner; this sign and list will tell you what you can do, for how much and roughly how long it will take.

Aquí se reparan pinchazos
Se ponen parabrisas
Reparaciones
Lavado y engrase
Baterías

Pinchazos   1900 ptas   (30 minutos)
Parabrisas 12000 ptas (2 horas)
Batería   4500 ptas   (45 minutos)
Lavado   400 ptas   (15 minutos)
Engrase   10250 ptas (1 hora)

En el camping 18

alumno B

¡Al ataque!

Imagine you work at the *Camping Neus* and use the information below to help you to book in the tourists who arrive. Your partner will play the part of the tourists in each situation. A cross in a space on the plan means that it is occupied already.

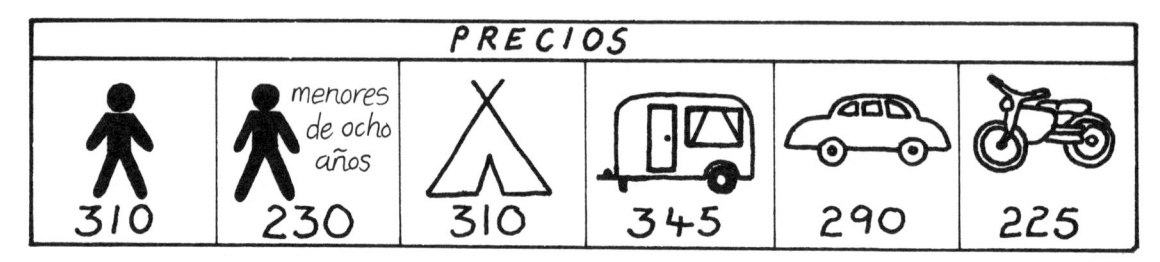

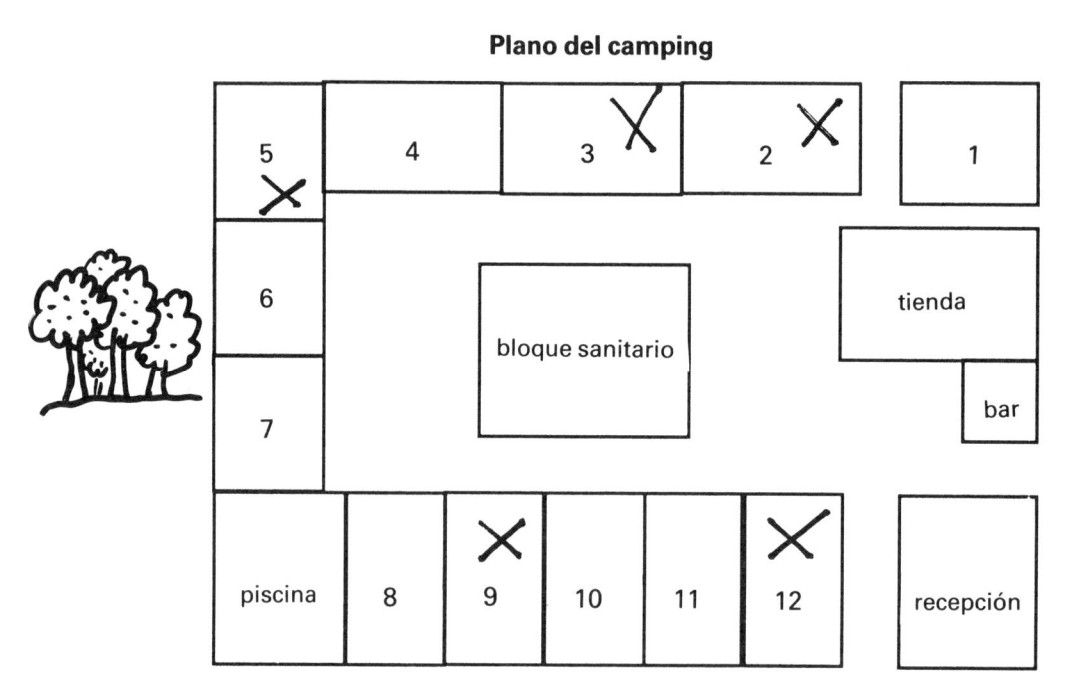

PRECIOS

	menores de ocho años	⛺	🚐	🚗	🏍
310	230	310	345	290	225

Plano del camping

Copy out the grid and fill in the details you require. The first one has been done for you.

	Numero de personas	precio por día	estancia	parcela
1	4	1760 pesetas	2 o 3 noches	6
2				
3				
4				

18 En el camping

alumno B

A más 🏃🏃

Diálogo 📼

Reply to your partner using the responses below.
Be careful, they are in the wrong order!

— Sí, creo que tienes razón. Vamos al Bon Día.

— Pues, no hay actividades organizadas pero hay una piscina y una pista de tenis.

— Hay una tienda de comestibles, un bar y – según la guía, hay duchas con agua caliente.

— Sí, dice aquí en la guía que el camping está rodeado de árboles.

— No sé, quizás el Solmar. Tiene supermercado, una discoteca y varios bares. También se puede practicar vela y windsurf: ¿Qué te parece?

— No, pero no está muy lejos, un kilómetro o algo así.

— ¿Qué piensas, entonces, del Camping Bon Día?

Holiday plans

Imagine you are a Spanish boy/girl and you are planning a camping holiday with a friend (your partner). Look at the information you are given about the three possible campsites and discuss the advantages/disadvantages of each one with your friend. Finally, come to an agreement with him/her and decide which one would suit you both.

1 Camping La Dorada — Precio por día ptas.

Situado en primera línea de mar

persona	260
niño	170
tienda	260
caravana	350

Capacidad: 490 personas

2 Camping Las Vegas — Precio por día ptas.

A 10 minutos de la playa

persona	350
niño	270
tienda	350
caravana	430

Capacidad: 1500 personas

3 Camping Los Pinos — Precio por día ptas.

Situado en bello paisaje

persona	190
niño	110
tienda	190
caravana	270

Capacidad: 330 personas

A dormir bien 19

alumno B
¡Al ataque!

Imagine you are the receptionist at a Spanish hotel. Your partner will play different people who come in to book a room. The information below shows details of the rooms in your hotel. Copy out the grid and when you have made the booking fill it in as in the example.

Habitaciones	🛏 (individual)	🛏 (doble)	🛁 🚿	🚰	🏛 (balcón)
1 5 9 13	✓			✓	
2 7 11	✓		✓		
3 4 6 14		✓	✓		
8 10 12		✓	✓	✓	✓

Precios
Individual con lavabo .... 3500 ptas/noche
Individual con baño y ducha .... 4000 ptas/noche
Doble con baño y ducha .... 5750 ptas/noche
Doble con baño, ducha, lavabo y balcón .... 6250 ptas/noche

	Cliente	No. de habitacion	No. de noches	Fechas
Ejemplo 1	Sr. Horner	7	3	13–16 mayo
2				
3				
4				
5				

19 A dormir bien

alumno B

A más

Diálogo

Reply to your partner using the responses below.
Be careful, they are in the wrong order!
You will need to begin the conversation.

Start the conversation by answering the telephone.

— Sí y además una cafetería auto-servicio y restaurante.

— Hotel Bailén. ¿Dígame?

— Sí por supuesto. ¿Qué quieres saber?

— Pues tiene una piscina climatizada, ascensor y aparcamiento vigilado.

— Son todas muy cómodas con televisión, aire acondicionado y teléfono.

— Depende. La media pensión vale 5000 pesetas y la pensión completa 6500 con IVA incluido.

— Queda cerca del centro de la ciudad a cinco minutos de la estación de RENFE.

Hotel Riviera

Imagine that you work as a receptionist in the Hotel Riviera. Your partner will play the part of somebody telephoning for information. Use the details given below to answer his/her questions.

nombre, dirección y teléfono	situación	precios por día	
		habitación doble	habitación individual
Hotel Riviera Avenida de Asturias 59, (96) 273 08 42	a 400 metros de la playa, zona residencial	Pensión completa: 5700 pts Media pensión: 4250 pts	 3125 pts 2175 pts

una excelente cocina internacional y especialidades regionales

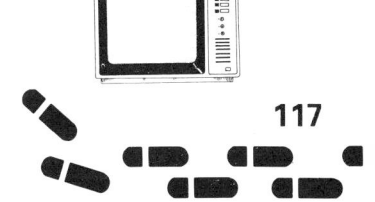

117

Vamos a salir 20

alumno B
¡Al ataque!

Imagine you are the Spanish person in each of the following situations and a British friend (your partner) is arranging to go out with you. Consult your diary and if his/her suggestion is not convenient try to make an alternative arrangement.

1 Agenda de Manuel

lunes
martes
miércoles
jueves
viernes – discoteca
sábado – de compras
domingo

2 Agenda de Ana

lunes
martes – Toledo con José
miércoles
jueves – playa con José
viernes
sábado
domingo

3 Agenda de Jorge

lunes – Excursión a Ronda
martes – dentista (3.30)
miércoles – casa de Juan (8.15)
jueves –
viernes – baloncesto (3–5)
sábado – piano (4–5.30)
domingo

4 Agenda de Marina

lunes
martes
miércoles
jueves – cena con Marta
viernes – cine con Luis
sábado
domingo

Copy out the grid and make a note of what you decide eventually.

Nombre	Vamos	Nos vemos	
		¿Cuándo?	¿Dónde?
Ejemplo 1 Manuel	al fútbol	domingo a las cuatro	el bar enfrente del estadio
2 Ana			
3 Jorge			
4 Marina			

118

20 Vamos a salir

alumno B

A más

Diálogo

Reply to your partner using the responses below.
Be careful, they are in the wrong order!

— ¡No, por favor! Me dan asco las corridas de toros.

— No me gustan nada las películas de terror.

— Pues, no mucho. ¿Qué ponen?

— Francamente no me interesa demasiado ¿No hay otra cosa?

— Eso sí. Me gustaría verla. Dicen que es genial.

— ¿Porqué no? A tí qué te gustaría hacer?

Going out

Imagine you are a Spaniard and a friend from Britain (your partner) is staying with you. Suggest that you go out for the evening. Look at the newspaper cuttings and tell your friend what things are on at the moment.

Teatro Municipal
Hamlet
La obra maestra de William Shakespeare 20h.30

Cines
Apolo – Días de Radio
La última película de Woody Allen. Estúpenda, mágica y divertida
7h.25 y 10.30
Nápoles – Atracción Fatal.
Una historia de amor aterradora.
7h.15 y 10.20

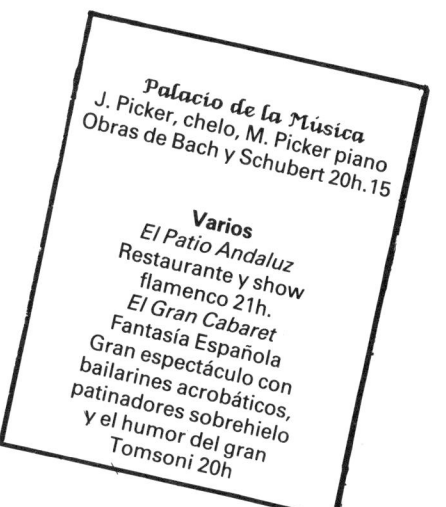

Palacio de la Música
J. Picker, chelo, M. Picker piano
Obras de Bach y Schubert 20h.15

Varios
El Patio Andaluz
Restaurante y show flamenco 21h.
El Gran Cabaret
Fantasía Española
Gran espectáculo con bailarines acrobáticos, patinadores sobrehielo y el humor del gran Tomsoni 20h

Finally, come to some agreement about where you are going to go.

La salud 21

alumno B
¡Al ataque!

Imagine you work in a chemists shop in Spain. Your partner will play different people with something wrong with them. Use the information below to sell them something appropriate.

Problema	Medicamento	Dosificación	Precio
Dolor de cabeza	aspirinas pastillas	2-3 veces/día 1-2 veces/día	130 ptas 190 ptas
Infección de ojo	crema gotas	2 aplicaciones diarias 3 mañana y noche	240 ptas 275 ptas
Dolor de garganta	supositorios jarabe	1 antes de dormir 1 cucharada mañana y noche	160 ptas 210 ptas
Diarrea	jarabe pastillas	3 cucharadas diarias 2 veces al día	514 ptas 387 ptas
Picaduras	pomada	2 veces diarias	216 ptas
Tos	jarabe supositorios	2 cucharadas antes de dormir 1 por la noche	300 ptas 179 ptas

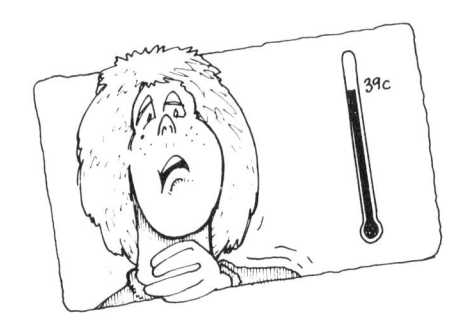

21 La salud

alumno B

A más

Diálogo

Reply to your partner using the responses below.
Be careful, they are in the wrong order!

— A mi pasajera le pusieron cinco puntos en un corte en la rodilla y el conductor de la moto está en el hospital con la pierna rota.

— Sí. Quiero darle detalles de un accidente que he tenido con el coche.

— B 380 TDF.

— Lake. L-A-K-E.

— El sábado pasado sobre las tres de la tarde.

— Pues una moto no paró en un semáforo y me pegó de lado.

— En el cruce al final de la Gran Vía.

Road accident

Imagine that you are on holiday in Spain and you have been involved in a road accident. Your insurers in England have given you the address of their sister company in Spain and have instructed you to report to them. Your partner will play the part of the Spanish representative. Use the notes you took at the time of the accident to answer his/her questions.

```
Sunday 14th August

10.30 a.m.
Traffic lights outside
Town Hall.
Van (reg. V-316521 AB)
ran into back of car
(reg. E279 JPX).
Wife broken arm, son
cut on head.
Van driver in shock.
```

Comunicando 22

alumno B
¡Al ataque!

Imagine you are a counter assistant in a Spanish Post Office. Your partner will play a customer who comes in on different occasions. Use the information given below to serve your partner and keep a note of the stamps you sell as shown in the example.

TARIFAS POSTALES Y DE TELECOMUNICACIONES ESPAÑA

Servicio Nacional
Cartas normales		20 ptas
Tarjetas postales		18 ptas
Paquetes	Hasta 500 grs.	540 ptas
	De más de 500 grs. hasta 3 Kgs.	775 ptas
	Por cada Kg. más o fracción	125 ptas

Servicio Internacional
Paises de la Comunidad Económica Europea:
Cartas normales		45 ptas
Tarjetas postales		45 ptas
Paquetes	Hasta 1 Kg.	2500 ptas
	Por cada 500 grs. más o fracción	330 ptas

Resto de los paises:
Cartas normales		50 ptas
Tarjetas postales		45 ptas
Paquetes	Hasta 1 Kg.	4590 ptas
	Por cada 500 grs. más o fracción	787 ptas

Ministerio de Transportes, Turismo y Comunicaciones
Secretaría General de Comunicaciones

Ejemplo 1 2 de 45 ptas	2	3	4

22 Comunicando

alumno B

A más

Diálogo

Reply to your partner using the responses below.
Be careful, they are in the wrong order!

— ¿Puedo, hablar con Belén por favor?

— Creo que sí pero apúntalo por si acaso. Es el 3589637

— Oiga ¿es el 3452761?

— Soy su amiga Maite. ¿Ha dejado algún recado para mí?

— Bueno, quieres decirle que no podré llegar hasta las siete. Si hay algún problema que me llame.

— Adiós, gracias.

Messages

Imagine that you are one of the people shown below. Telephone your friend Ricardo (Tel: 2863975) to check details of something you have planned to do together tomorrow (Monday). Your partner will answer the phone. Look at the page tomorrow from your diary and be prepared to deal with any problem which may arise.

Asunción (261 9384)

Agenda
LUNES
peluquería, 9h — 10h

Excursión con Ricardo.
¿detalles?

Pablo (223 8754)

Agenda
LUNES

mañana - tenis con Ricardo
¿detalles?

tarde - examen de conducir 5h

123

Problemas 23

alumno B
¡Al ataque!

Imagine you are dealing with the problems of some British tourists who have rented one of your flats.
Use the information below to help them.

Reparaciones se hacen ...			Aparcamientos posibles
Hoy neveras, luces, lavadoras	**mañana** mesas, sillas	**lo más pronto posible** aire acondicionado, grifos, televisiones, cosas que faltan	Calle de la Paloma (enfrente del puerto) o Avenida de La Paz (detrás de la piscina)

Copy out the grid and fill in the details of the problems in each case. The first one is done for you.

	Problemas	
No funciona	roto	faltan
1 nevera **2** **3** **4**		cuchillos

23 Problemas

alumno B

A más

Diálogo

Reply to your partner using the responses below.
Be careful, they are in the wrong order!

— Claro. Sería una buena idea llamar al aeropuerto también para informarles de la pérdida de los billetes.

— ¿Sabe usted dónde la dejó?

— ¿Puede describirla por favor?

— Primero. Voy a ver si su bolsa está en la oficina.

— ¿De qué marca es la cámara?

— Y la última vez que la vio ¿cuándo fue?

— ¿Qué había en la bolsa?

Lost property

Imagine you work at the Reception desk of a hotel in Spain and a tourist (your partner) is reporting the loss of various items. Make a copy of the form below and ask questions about the missing articles so that you can fill it in.

Artículos Perdidos	Descripción

If the tourist needs to report the loss of particular items to anyone else advise him/her accordingly.

125

A mi parecer 24

alumno B

¡Al ataque!

In each case below, imagine that you are a Spaniard and that your partner is a British person staying with you. Ask what your partner thinks about the things given below, and copy out the grids to record the replies you get.
The first one is done for you.

Ejemplo
Alicante
La ciudad	bonita, interesante
El clima	buenísimo
La playa	maravillosa
Los chicos	algunos guapos, todos simpáticos
Alicante/tu ciudad	Alicante mejor para vacaciones
El español	difícil, pero me gusta

Valencia
- La ciudad ....
- El clima ....
- El puerto ....
- Las playas ....
- Las fiestas ....
- Los valencianos ....

Barcelona
- La ciudad en general ....
- Plaza de Cataluña ....
- Los barceloneses ....
- El barrio gótico ....
- Las Ramblas ....
- El ambiente ....

San Sebastián
- La ciudad en general ....
- Las playas ....
- El clima ....
- Los turistas ....
- El paisaje ....
- Los turistas ....

24 A mi parecer

alumno A

A más

Diálogo

Reply to your partner using the responses below.
Be careful, they are in the wrong order!

— Vimos la Sagrada Familia, es una iglesia fantástica, y también subimos al Castillo de Montjuich.

— En la Costa Brava, el paisaje, desde luego, porque es encantadora. Pero en Barcelona me gustaron más los edificios del barrio antiguo.

— Me gustó muchísimo. Es una región preciosa.

— Sí, bastante, pero prefiero la Plaza de San Jaime, que es más íntima.

— No tan abiertos como en otras partes, pero muy simpáticos y amables.

— Es una ciudad magnífica. Es muy grande e impresionante, pero también muy bonita.

Flying visit

Imagine you have just visited Madrid for the first time, and have written a few notes in your diary. Use your notes to answer your partner's questions about your impressions of the place and people. Then between you decide if you liked Madrid more than the person in the dialogue above liked Barcelona and the Costa Brava.

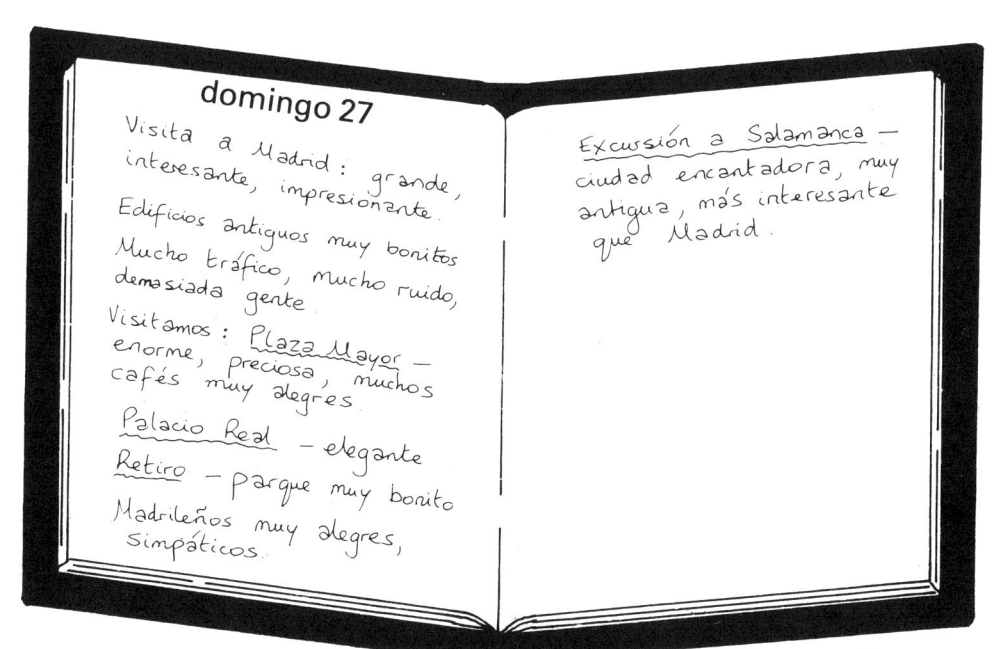

domingo 27

Visita a Madrid: grande, interesante, impresionante.
Edificios antiguos muy bonitos
Mucho tráfico, mucho ruido, demasiada gente
Visitamos: Plaza Mayor — enorme, preciosa, muchos cafés muy alegres.
Palacio Real — elegante
Retiro — parque muy bonito
Madrileños muy alegres, simpáticos.

Excursión a Salamanca — ciudad encantadora, muy antigua, más interesante que Madrid.

A continuación

1 Write a short letter as though you were the girl Encarna arrowed in the drawing. You are 15 years old, your sister Milagros is 12, your brother Rogelio 10 and your guinea pig's name is Quico.

COMUNIDAD DE PROPIETARIOS EDIFICIOS "MIZAR"

DESDE
8.676.150 Ptas.

* Viviendas de 2, 3 y 4 dormitorios.
* Dúplex.
* Cocina amueblada.
* Plaza de garaje y trastero.
* Piscina y zona ajardinada.
* Antena parabólica.

INFORMACION
Avda. Pocito de Las Nieves, 3.
Santiago Rusiñol, 11
Telfs. 234 35 48 y 234 37 83.

CHALETS en LA NAVATA
ADOSADOS, 3 y 4 dormitorios, buhardilla, parcela individual, piscina, tenis, garaje. Estación tren y autobus
¡¡VIVIENDA PERMANENTE!!

1.000.000
de entrada
Tel. 401 07 70

2 Write a brief description of the people in these two sketches.

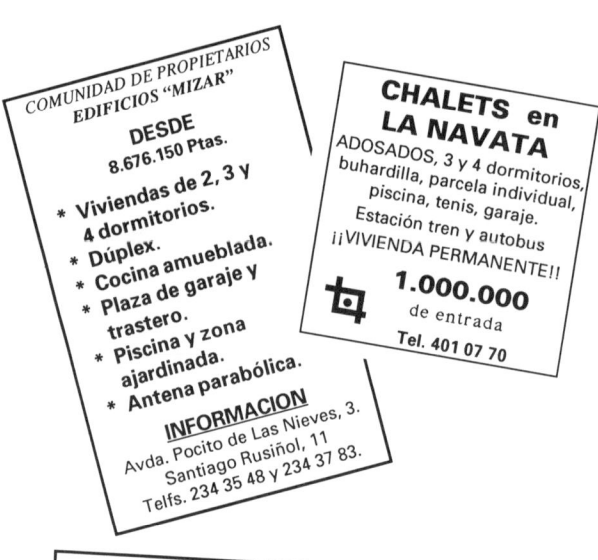

Miguel

Rosita

APARTAMENTOS EN IBIZA
BAHIA DE SAN ANTONIO   MUNICIPIO DE SAN JOSE

APARTAMENTOS DE 4, 5 PLAZAS DORMITORIO, BANO, SALA DE ESTAR, CONVERTIBLE, COCINA Y TERRAZAS

CONJUNTO CON SHOPPING CENTER, BAR, PISCINA, GIMNASIOS, SAUNA, JACUZI, HAMMAN, SOL ARTIFICIAL, SALA DE MASAJE Y RELAJACION Y MAQUINARIA

3.908.400
CHALET
3 dormitorios, salón y chimenea en parcela de 2.520 metros cuadrados. Entrada 35 por 100 aplazado hasta 27.800 pesetas mes. Muy cerquita de Madrid.
431 01 60 / 431 02 59

3 Imagine you are entering a competition in which you have to decide which of the properties advertised below you would be most likely to buy. Give reasons for your choice. Don't forget to take into account financial considerations!

You could begin your entry with something like this:

Creo que compraría .... porque

4 You are writing a letter to your new Spanish penfriend and the second paragraph begins like this:

Ahora te voy a decir algo de mi colegio.

Write the rest of the paragraph, and don't forget to finish with a few questions to your friend about his/her school.

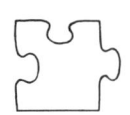

A continuación

5 Which pastimes do you like, and which are you not so keen on? Put each one in the right column.

me gusta mucho	me gusta un poco	no me gusta

pescar bailar patinar
bañarme hacer punto montar a caballo
jugar a las cartas
jugar al ajedrez esquiar
practicar deportes acuáticos coleccionar sellos
cantar
no hacer nada
ir de juerga leer hacer footing
escuchar la radio dar un paseo

6 Write a few diary notes about what you and/or your friends did last Saturday. Be as honest as you can!

El sábado pasado

7 Write a letter to a Spanish-speaking friend describing what you did last birthday, and how it did or didn't live up to your expectations. Be honest!

8 Here is an extract from a Spanish tourist brochure outlining the attractions of a particular town. Choose a place you know in Britain and see if you can write something similar for Spanish-speaking visitors to this country.

San Feliu

CAPITAL Y CENTRO DE UNA BELLA COMARCA

Numerosas excursiones en la región

Incomparable paisaje

Multiplos recursos de distracción: Golf de Santa Cristina 5km

Más de mil años de historia

Ciudad llena de un tipismo auténtico

Mercado diario

Varias, amplias y excelentes playas

9 Write an account of your future plans and ambitions as though you were one of the people shown below.

A continuación

10 You work in a tourist office in Britain and you have been asked to summarize this brochure for the manager who doesn't speak any Spanish.

SAN FELIU DE GUIXOLS
CAPITAL Y CENTRO
DE UNA BELLA COMARCA

Su gente es afable y cordial. Buenas comunicaciones, buenos hoteles y buen servicio. Diversiones, Festivales ya tradicionales de Cinema Amateur, Folklóricos, Musicales y Deportivos, celebraciones típicas. Varias veces por semana en el Passeig del Mar se baila la popular Sardana, la danza regional. Con frecuencia se celebra Corrida en su Plaza de Toros. Sus jardines, sus playas, sus calles o las terrazas al aire libre de sus bares y restaurantes ofrecen incitantes atractivos. Entre otras atracciones destacan el mercado de los domingos, la industria local del corcho y las artesanías populares.

11 Draw a plan of your town or village, or of a town near where you live. On it name in Spanish 5 or 6 places of interest. Write down the instructions you would give to a Spanish visitor on how to get to each place. Your starting point can be your home, or the road into the town or village from where you live.

12 Imagine that you are going shopping in Spain to buy food and drink for a picnic. Make a list in Spanish of what you need to get, and leave the list with a note to your friend Tomás so that he won't go and buy the things too!

13 Imagine that you live in Spain and have tried unsuccessfully to return faulty goods to a local department store. Write a letter of complaint to the manager. Remember to include details of:
– when and where you bought the goods;
– what your complaint is;
– what you would like to be done.

Muy señora mía
...

Muy señor mío
...

14 The cafe you work for in Spain is going to extend its range to include some *platos combinados*. You have been asked to make some suggestions. Write down in Spanish six different combinations you think would be popular and tasty, and put them in a brief note to your manager together with some suggested prices.

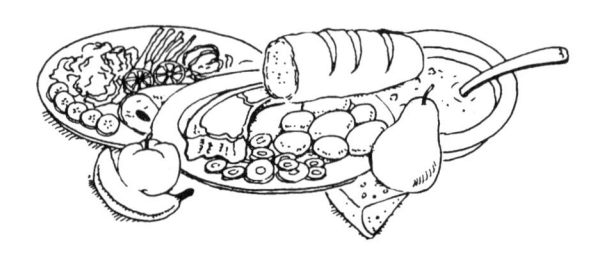

15 Here is part of a menu showing some well known Spanish dishes. Try and find out what the main ingredients are for each one and make a list of them in Spanish.

Zarzuela de marisco
Arroz al horno
Fabada asturiana
Cocido madrileño

A continuación

16 Look at the RENFE (Spanish Railways) ticket, and work out by yourself or with a partner as much as you can of the following information, then jot it down. (You may not be able to find *all* of it).
Journey to and from ...?
Single/return?
Date and time of journeys covered?
Types of train used?
Cost of ticket?

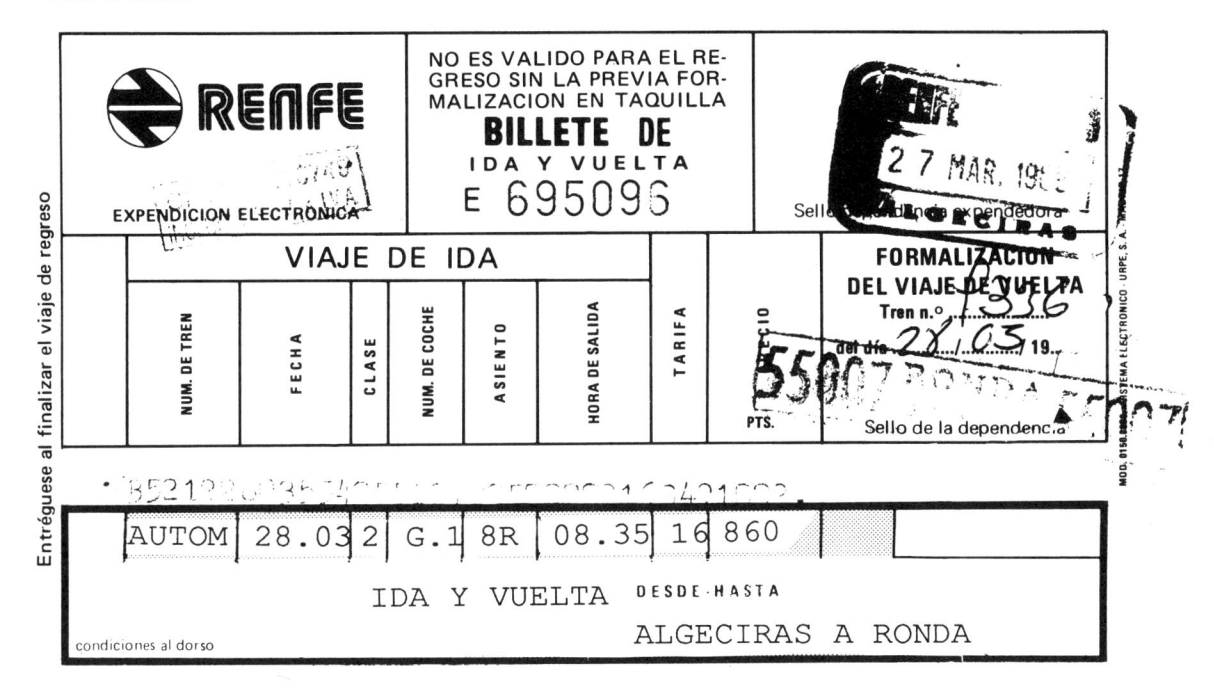

```
RENFE                    NO ES VALIDO PARA EL RE-
                         GRESO SIN LA PREVIA FOR-
                         MALIZACION EN TAQUILLA
                         BILLETE DE
                         IDA Y VUELTA
EXPEDICION ELECTRONICA   E 695096        Sello dependencia expendedora

                VIAJE DE IDA                         FORMALIZACION
                                                     DEL VIAJE DE VUELTA
NUM. DE TREN | FECHA | CLASE | NUM. DE COCHE | ASIENTO | HORA DE SALIDA | TARIFA     Tren n.° 356
                                                                                     del día 28.03 19
                                                                        PTS.         Sello de la dependencia

AUTOM | 28.03 | 2 | G.1 | 8R | 08.35 | 16 860

                    IDA Y VUELTA    DESDE-HASTA
                                    ALGECIRAS A RONDA
condiciones al dorso
```

27 MAR. 198_
55007 RONDA

17 Make a quick sketch of a car as below, and finish the labelling.

131

A continuación

18 Whilst on holiday in Spain your family decides to change campsites and a Spanish friend suggests one which is mentioned in his *Guía de Campings*. Read what it says about the site and make a note of the most important points so that you can tell your family about it.

EL LAGO
Se accede por la Carretera General que conduce hasta Bañolas, con tráfico normal. Arbolado de chopos, con mucha sombra y alguna zona ajardinada. Rodeado de verdes montañas, en cuyo valle está el lago de Bañolas. Lugar tranquilo, adecuado para paseos y posibilidad de realizar excursiones a bellas localidades de interés turístico e histórico-artístico. Instalaciones modernizadas.

19 Write a letter to a Spanish Tourist Office requesting information about a hotel suitable for a holiday for the following family.

20 Whilst on holiday in Spain you phone a Spanish friend to see if he/she would like to go out one evening. Prepare some questions in Spanish before you pick up the receiver because you don't want to be stuck for words.
These are the things you need to know:
a) if he/she is free tonight;
b) if not, when he/she will be available;
c) if he/she can meet you in your hotel;
d) what time would suit him/her best;
e) where he/she would like to go.

21 Look back at Unit 21 and the details on page 121. Write the report of the accident which might have appeared in the local Spanish paper. The following article may help you. You may also wish to add other details to your report.

— A las dos de la Madrugada del viernes pasado se produjo un aparatoso accidente entre dos coches que circulaban por la carretera de Madrid.
Al parecer el Ford Sierra conducido por el súbdito inglés A.F. no respetó un STOP y chocó lateralmente con el Seat Ritmo conducido por Juan G.F. Este resultó ileso pero el turista recibió lesiones graves. Fue llevado al Hospital Comarcal en una ambulancia de la Cruz Roja.

22 See if you can match the section headings from the Spanish telephone directory with the correct logo.
1 Comisarías
2 Bomberos
3 Información deportiva
4 Información horaria
5 Aviso de averías
6 RENFE

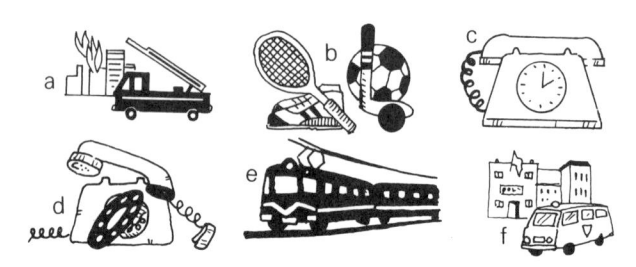

23 Turn to page 76 and imagine you are one of the people not satisfied with his/her holiday appartment. Write the reasons for your dissatisfaction in the Agency's Complaints Book. Your opening remark is already in the book!

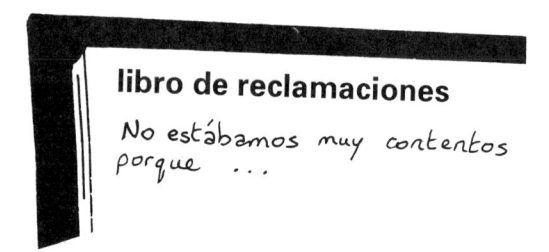

libro de reclamaciones

No estábamos muy contentos porque ...

24 Write a short post-card message from a Spaniard to his/her family on a visit to your home town.

Diálogos grabados

1
— ¿Cuál es tu dirección?
— Es 6, Birch Avenue, Stretford, Lancs.
— ¿Tienes teléfono?
— Sí, es el 061 734 8972
— ¿Tienes animales en casa?
— Sí, tenemos una gata que se llama Doris
— ¿Cómo es tu casa?
— Es bastante pequeña, y tiene tres dormitorios
— ¿Tiene jardín?
— Sí, tiene un jardín pequeño
— ¿Cómo se escribe tu apellido Turner?
— Se escribe T-U-R-N-E-R

2
— ¿Qué tal es tu amiga escocesa?
— Es muy guapa.
— ¿Ah, sí? ¿Cómo es?
— Es bastante alta; tiene el pelo rojo y la cara redonda.
— ¿Es pelirroja?   Sí, eso es muy típico en Escocia. Y ¿qué más?
— Como digo, tiene la cara muy redonda, y además tiene muchas pecas.
— ¿De qué color tiene los ojos?
— No sé, creo que son azules.
— ¿Lleva gafas?
— Sí, y parece muy inteligente.
— ¡Guapa e inteligente! ¿Qué más?
— Parece que también es muy deportista — le gusta el tenis y el atletismo.

3
— Mis padres y yo queremos ir a Inglaterra el año que viene y nos gusta la idea de hacer un intercambio ¿Qué os parece?
— A nosotros también nos gustaría hacer un intercambio, si es posible. ¿Quieres que te diga algo sobre nuestra casa?
— Sí. ¿Puedes describirla, por favor?
— Claro. Bueno, en la parte de arriba hay tres habitaciones y un cuarto de baño. Abajo hay una sala de estar y una cocina.
— ¿Cómo son las habitaciones?
— Una es grande y las otras dos son pequeñas. Además de la cama cada habitación tiene un armario y un tocador.
— Muy bien ¿Es grande la sala de estar?
— No, es más bien pequeña. Hay un sofá, dos butacas, una televisión y nada más. Creo que es bastante cómoda.
— Y ¿la cocina, cómo es?
— La cocina es nueva, ¿sabes? Tiene una nevera, claro, un lavaplatos, una cocina de gas y un microondas.
— ¿Tu casa está en el centro de la ciudad?
— No, está en las afueras, a unos cuatro kilómetros del centro pero los autobuses son muy frecuentes.

4
— ¿Qué asignaturas estudias?
— Este año estudio inglés, historia, geografía, química, física, biología, matemáticas y música.
— ¿Cuáles te interesan más?
— Me gustan casi todas pero creo que prefiero historia e inglés.
— ¿Hace mucho tiempo que estudias estas asignaturas?
— Llevo cuatro años estudiando historia y empecé el inglés este año.
— ¿Y en ciencias cómo vas?
— Soy flojo en física y química pero voy bastante bien en biología.
— ¿Cuáles fueron tus mejores notas en los exámenes?
— Saqué un 8 en historia y un 7 en inglés y música.
— ¿Practicas algún deporte en el colegio?
— Sí, juego al fútbol y hago atletismo.

5
— ¿Cómo has pasado el fin de semana?
— Muy bien, el sábado fui a cenar con Teresa y después fuimos a una discoteca. Lo pasé estupendamente.
— ¿Hiciste algo interesante el domingo?
— Sí, salí con mis amigos.
— ¿Adónde fuisteis?
— Conseguimos entradas para el concierto de rock en la plaza de toros.
— ¿Te gustó?
— Mucho. Estuvo fenomenal.
— ¿Qué planes tienes para esta semana?
— Esta noche voy a quedarme en casa, y mañana también, pero los otros días estoy muy ocupado.
— ¿Sí? ¿Qué vas a hacer?
— El miércoles y el jueves voy al gimnasio y el viernes iré al cine, creo.

6
— ¿Qué hiciste el domingo pasado?
— Poca cosa. Me levanté muy tarde, sobre las once.
— ¿Cómo pasaste la mañana?
— Pues me quedé en casa, escuchando discos y leyendo un poco.
— Y ¿qué hiciste por la tarde?
— Comí muy bien con la familia, luego fui con unos amigos a un partido de fútbol. Y tú, ¿cómo pasaste el día?
— Pues me levanté temprano, y fui con mi amiga Mercedes a Tarragona.
— ¿Por qué?
— Porque nos gusta pasear en la ciudad. También nos bañamos después de comer.
— Y ¿dónde comisteis?
— Llevamos bocadillos, y comimos en un parque.
— Y ¿a qué hora volvisteis a casa?
— Sobre las nueve, y cenamos un poco más tarde. ¿Y tú?
— Yo cené poco. Fui a un café con los amigos y tomamos unas tapas.
— Y ¿a qué hora te acostaste?
— Sobre la una de la mañana.

Diálogos grabados

7
— ¿Qué hiciste el día de tu cumpleaños?
— Salí con mi familia. Fuimos al teatro y después a un restaurante chino.
— ¿Qué tal el teatro?
— Fue divertido. Me gustó.
— ¿Te interesa mucho el teatro entonces?
— No tanto. Es interesante ver una obra de vez en cuando pero prefiero ir a un concierto de rock.
— ¿Te gustó el restaurante chino?
— Bueno, creo que la comida española es mejor pero, vamos, estuvo bien.
— ¿Qué regalos recibiste?
— Pues, un walkman, un jersey que, a decir verdad, no me gusta nada, y el nuevo disco de Michael Jackson.
— ¿Michael Jackson es tu cantante favorito?
— Creo que canta bien pero no es tan bueno como Bruce Springsteen.

8
— ¿Has estado alguna vez en Francia?
— Sí el año pasado estuve en París y Normandía.
— ¿Qué te pareció? ¿Te gustó?
— Sí. Fue muy interesante. París es una ciudad impresionante y Normandía una región preciosa.
— ¿Qué hiciste en París entonces?
— Huy, muchas cosas. Por ejemplo visité los museos, fui al teatro y también vi los monumentos más conocidos.
— Me han dicho que la vida es cara en Francia ¿Es verdad?
— Pues sí. Los precios son bastante elevados.
— ¿Qué tal el tiempo cuando estuviste allí?
— Cuando yo estuve llovió y no hizo mucho calor.
— ¿Y se come bien en Francia?
  A mí personalmente me gustó mucho la comida, sobre todo la carne.

9
— ¿Cuál es tu mayor ambición?
— Yo quiero ser rica. ¿Y tú?
— Pues yo no soy muy ambicioso; quiero ser feliz.
— ¿Qué quieres decir con eso?
— Pues me gustaría casarme bastante tarde, a los treinta años por ejemplo, y llevar una vida tranquila.
— Yo no. Preferiría no casarme, vivir sola, y ganar mucho.
— A mí no me importa mucho el dinero.
— A mí sí. Quiero tener un apartamento de lujo, varios coches y muchos electrodomésticos.
— Para mí lo más importante es la vida familiar.
— Para mi es el trabajo. Espero tener un puesto importante en una empresa grande, y viajar mucho.
— ¿Y los amigos? ¿Qué?
— Claro que tendré muchos amigos.
— ¿Dónde te gustaría vivir? ¿En el campo?
— ¡Qué va! En una ciudad grande como Madrid o Barcelona.

10
— ¿Hay alguna fiesta o festival en la región por estas fechas? Voy a estar aquí hasta el día quince.
— Sí, hay fiestas patronales aquí en el pueblo y también las ferias de la vendimia en Logroño.
— Y ¿cuándo son?
— Pues aquí empiezan pasado mañana y las de Logroño tienen lugar la semana que viene.
— Entonces ¿cuántos días duran las fiestas?
— Sólo tres días. Terminan el domingo.
— ¿Y en qué consisten?
— Bueno, hay competiciones deportivas, procesiones todos los días y, la última noche, fuegos artificiales. Es muy bonito.
— ¿Son interesantes las ferias de Logroño?
— ¿Sí, son muy populares. Hay corridas de toros, festivales folklóricos y cabalgatas.
— ¿Y cómo puedo ir a Logroño?
— Hay autobuses cada hora. Salen de la Plaza de San Andrés.

11
— ¿Me hace el favor?
— Dígame.
— ¿Podría decirme dónde está el Hotel Bretón?
— Sí, está en esta misma calle, después del banco.
— ¿Y queda muy lejos la Plaza de España?
— No no, siga todo recto, luego al final, tuerza a la izquierda, y la plaza está enfrente.
— ¿También está cerca la Iglesia de San Mateo?
— No, está en la esquina de esta calle, a cien metros. No hay pérdida.
— ¿Y oiga está por aquí la piscina?
— Pues, estará a unos diez minutos andando. Coja la primera calle a la derecha, luego la tercera a la izquierda, y está a mano izquierda.
— Por último ¿por dónde se va en coche a la playa?
— Mire, tuerza a la izquierda al final, y la playa está a cien metros. No se puede perder.

12
— Buenos días ¿en qué puedo servirle?
— Estoy buscando regalos para mi familia.
— Y ¿qué busca exactamente?
— Bueno, mi hermano es aficionado a la música y a mis padres les gusta coleccionar recuerdos de varios paises del mundo.
— Tenemos muchos discos de artistas nacionales e internacionales también.
— ¿Y cuánto cuestan?
— Depende, pero alrededor de las mil doscientas pesetas por un álbum y setecientas pesetas por un single.
— Me parece un poco caro. ¿Tiene algo más barato?
— En discos no. ¿Cuánto quiere gastar?
— Puedo gastarme unas quinientas pesetas por persona.
— Vamos a ver. ¿Qué le parecen estas figuras en madera de Don Quijote y Sancho Panza? Están rebajadas a cuatrocientas cincuenta pesetas.

Diálogos grabados

— Ah, pues, muy bien. Son muy bonitas. Me quedo con ellas para mis padres y ya buscaré otra cosa para mi hermano.
— De acuerdo. ¿Se las envuelvo?
— Sí por favor.

13 — ¿Podría cambiar este jersey por favor?
— ¿Qué le pasa? ¿Tiene algún defecto?
— No. Lo compré ayer en las rebajas pero es demasiado pequeño.
— Bueno, normalmente no se admiten devoluciones de artículos que están de oferta ¿sabe?
— Ya lo sé pero no me di cuenta hasta esta mañana.
— Vamos a ver. ¿Tiene el recibo por favor?
— Sí, lo tengo aquí. Me costó 2300 pesetas.
— Bien. Pues en este caso creo que sí se puede hacer algo.
— ¿Me puede dar una talla más grande?
— Si la tenemos, sí.
— Si no ¿me devuelve el dinero?
— Sí, o bien puede escoger otra cosa del mismo valor.

14 — ¿Se sirven comidas aquí en la barra por favor?
— Sí tenemos una selección variada de platos combinados.
— ¿Cuánto cuestan?
— Depende. Hay de varios precios según el plato.
— ¿Qué platos tiene?
— Allí, encima de la barra verá usted las fotos.
— Ah, sí. ¿Qué tiene el número 4 por favor? No está muy claro.
— El 4 tiene dos salchichas, huevo frito, patatas fritas y ensalada.
— Bueno, eso no me apetece demasiado. Creo que voy a pedir el número 2.
— Número 2... pescado con patatas fritas. ¿Quiere beber algo?
— Sí déme una cana por favor.

15 — Por favor ¿cuál es el menú del día?
— Hoy de primero tenemos sopa de pescado o espárragos con mayonesa.
— ¿Y de segundo?
— Para después hay paella valenciana o chuletas de cordero con patatas fritas.
— ¿Qué es la paella valenciana exactamente?
— Es un plato que tiene arroz, carne, tomate y judías verdes.
— ¿Qué clase de carne es?
— De pollo y de conejo.
— Bien. Voy a probar la paella valenciana y de primero voy a pedir espárragos.
— De acuerdo.
— ¿Tardará mucho?
— No, unos veinte minutos aproximadamente.

16 — Buenos días. Por favor, ¿qué trenes hay para Sevilla para mañana por la tarde?
— A ver... tiene usted un tren a las 15.15 y a las 17.40.
— ¿Son directos?
— No, en el tren de las 15.15 tiene usted que cambiar en Bobadilla.
— Y ¿a qué hora llegan?
— El de las 15.15 llega a las 17.23 y el de las 17.04 a las 18.38.
— ¿No hay nada más rápido?
— Sí, hay un Talgo a las 15.35, que llega a las 16.52; pero en el Talgo hay que pagar un suplemento.
— ¿Y para la vuelta?
— Para volver usted tiene varios trenes. Tenga este horario.
— ¿Quedan asientos en el Talgo de mañana?
— Sí.
— Pues déme un billete de ida y vuelta en el Talgo.
— Muy bien. ¿Sabe en qué tren va a volver?
— Todavía no.
— Pues antes de volver tiene que reservar su asiento en taquilla.

17 — Buenas tardes. ¿Aquí se reparan pinchazos?
— Claro.
— Tengo un pinchazo en este neumático. ¿Cuánto tardará en arreglarlo?
— En seguida se hace; estará listo en unos veinte minutos.
— Y ¿se ponen parabrisas?
— También. Para eso tendrá usted que esperar una hora o así.
— Muy bien. Otra cosa: ¿quiere mirar el limpiaparabrisas? Parece que tampoco funciona.
— ¿Cómo no? Ya se lo miro.
¡Ah! No es nada, estaba mal conectado.
— ¿Cuánto valen el pinchazo y el parabrisas?
— El pinchazo dos mil quinientas pesetas, el parabrisas quince mil.
— ¿Estamos muy lejos de Granada?
— No tanto. Está a unos sesenta kilómetros por la carretera general. Le quedan unos cuarenta minutos en coche.

18 — ¿Cuál de estos dos campings prefieres?
— No sé, quizás *el Solmar*. Tiene supermercado, una discoteca y varios bares. También se puede practicar vela y windsurf: ¿Qué te parece?
— A mí no me atrae mucho. Es muy grande y habrá mucha gente.
— ¿Qué piensas, entonces, del *Camping Bon Día*?
— Creo que será mejor porque es más pequeño. ¿Qué se puede hacer allí?
— Pues, no hay actividades organizadas pero hay una piscina y una pista de tenis.
— ¿Está al lado del mar?
— No, pero no está muy lejos, un kilómetro o algo así.
— Vale ¿Tiene mucha sombra?
— Sí, dice aquí en la guía que el camping está rodeado de árboles.
— Muy bien ¿Y qué clase de servicios ofrece?
— Hay una tienda de comestibles, un bar y – según la guía, hay duchas con agua caliente.

Diálogos grabados

— Yo prefiero éste. Además es más barato que el otro. ¿Y tú?
— Sí, creo que tienes razón. Vamos al *Bon Día*.

19 — Hotel Bailén. ¿Dígame?
— Buenos días oiga por favor ¿me puede dar alguna información sobre el hotel?
— Sí por supuesto. ¿Qué quieres saber?
— ¿Cuánto es una habitación doble por día?
— Depende. La media pensión vale 5000 pesetas y la pensión completa 6500 con IVA incluido.
— ¿Cómo son las habitaciones?
— Son todas muy cómodas con televisión, aire acondicionado y teléfono.
— ¿Qué servicios ofrece el hotel?
— Pues tiene una piscina climatizada, ascensor y aparcamiento vigilado.
— ¿Tiene bar?
— Sí y además una cafetería auto-servicio y restaurante.
— ¿Dónde está situado el Bailén?
— Queda cerca del centro de la ciudad a cinco minutos de la estación de RENFE.

20 — ¿Tienes ganas de salir esta tarde?
— ¿Porqué no? A tí qué te gustaría hacer?
— Vamos a mirar el periódico. ¿Te apetece ir al teatro?
— Pues, no mucho. ¿Qué ponen?
— En el Serrano ponen *La Chulapona*. Es una zarzuela.
— Francamente no me interesa demasiado ¿No hay otra cosa?
— Podríamos ir a una corrida, si quieres.
— ¡No, por favor! Me dan asco las corridas de toros.
— Entonces ¿qué te parece si vamos al cine? En el Capitol ponen *Los ritos satánicos de Drácula*.
— No me gustan nada las películas de terror.
— ¿Por qué no vamos al Savoy? Estrenan *El Ultimo Emperador*, la película de Bertolucci.
— Eso sí. Me gustaría verla. Dicen que es genial.

21 — ¿Puedo ayudarle?
— Sí. Quiero darle detalles de un accidente que he tenido con el coche.
— ¿Me da su nombre por favor?
— Lake. L-A-K-E.
— Y ¿Cuál es la matrícula de su coche? Sr. Lake.
— B 380 TDF.
— ¿Qué pasó?
— Pues una moto no paró en un semáforo y me pegó de lado.
— ¿Cuándo ocurrió?
— El sábado pasado sobre las tres de la tarde.
— ¿Dónde fue?
— En el cruce al final de la Gran Vía.
— ¿Hubo lesiones?
— A mi pasajera le pusieron cinco puntos en un corte en la rodilla y el conductor de la moto está en el hospital con la pierna rota.

22 — ¡Dígame!
— Oiga ¿es el 3452761?
— Sí, aquí es.
— ¿Puedo, hablar con Belén por favor?
— Pues no, no está en este momento. ¿Quién habla?
— Soy su amiga Maite. ¿Ha dejado algún recado para mí?
— Sí, dice que te verá mañana a las seis y media delante del cine si te parece bien.
— Bueno, quieres decirle que no podré llegar hasta las siete. Si hay algún problema que me llame.
— ¿Tiene tu número?
— Creo que sí pero apúntalo por si acaso. Es el 3589637
— 3589637. De acuerdo, ya se lo diré. Adiós.
— Adiós, gracias.

23 — ¿Puede ayudarme, por favor? He perdido una bolsa en el hotel.
— ¿Sabe usted dónde la dejó?
— Creo que la dejé allí, al lado de aquella mesa.
— Y la última vez que la vio ¿cuándo fue?
— Hace unos diez minutos. Subí a mi habitación y cuando volví había desaparecido.
— ¿Puede describirla por favor?
— Sí, es azul y blanca. Es de plástico.
— ¿Qué había en la bolsa?
— Había varias cosas... Un libro, billetes de avión, dos o tres postales y una cámara.
— ¿De qué marca es la cámara?
— Es una Pentax
— Primero. Voy a ver si su bolsa está en la oficina.
— Vale. Y si no está allí voy a ir a la policía.
— Claro. Sería una buena idea llamar al aeropuerto también para informarles de la pérdida de los billetes.

24 — ¿Qué te pareció la Costa Brava?
— Me gustó muchísimo. Es una región preciosa.
— Y ¿qué tal fue tu excursión a Barcelona?
— Es una ciudad magnífica. Es muy grande e impresionante, pero también muy bonita.
— ¿Qué te gustó más?
— En la Costa Brava, el paisaje, desde luego, porque es encantadora. Pero en Barcelona me gustaron más los edificios del barrio antiguo.
— ¿Te gustó la Plaza de Cataluña?
— Sí, bastante, pero prefiero la Plaza de San Jaime, que es más íntima.
— ¿Qué otros sitios visitasteis?
— Vimos la Sagrada Familia, es una iglesia fantástica, y también subimos al Castillo de Montjuich.
— ¿Qué te parecieron los catalanes?
— No tan abiertos como en otras partes, pero muy simpáticos y amables.